四川省社会科学研究"十四五"规划2021年度课题
"成渝双城经济圈人才协同培育及优化路径研究"(项目编号：SC21C023)

成渝地区
双城经济圈人才协同培育：动因、机制与路径

CHENGYU DIQU SHUANGCHENG JINGJIQUAN
RENCAI XIETONG PEIYU: DONGYIN、JIZHI YU LUJING

徐书婕　彭紫薇　彭舰　袁婧◎著

四川大学出版社
SICHUAN UNIVERSITY PRESS

图书在版编目（CIP）数据

成渝地区双城经济圈人才协同培育：动因、机制与
路径 / 徐书婕等著. — 成都：四川大学出版社，
2023.1
（成渝双城经济圈建设丛书）
ISBN 978-7-5690-5481-1

Ⅰ. ①成… Ⅱ. ①徐… Ⅲ. ①人才培养－研究－成都
②人才培养－研究－重庆 Ⅳ. ① C964.2

中国版本图书馆 CIP 数据核字（2022）第 093204 号

书　　名：成渝地区双城经济圈人才协同培育：动因、机制与路径
　　　　　Cheng-Yu Diqu Shuangcheng Jingjiquan Rencai Xietong Peiyu: Dongyin Jizhi yu Lujing
著　　者：徐书婕　彭紫薇　彭　舰　袁　婧
丛 书 名：成渝双城经济圈建设丛书

丛书策划：庞国伟　蒋姗姗
选题策划：杨　果
责任编辑：杨　果
责任校对：孙滨蓉
装帧设计：璞信文化
责任印制：王　炜

出版发行：四川大学出版社有限责任公司
　　　　　地址：成都市一环路南一段 24 号（610065）
　　　　　电话：（028）85408311（发行部）、85400276（总编室）
　　　　　电子邮箱：scupress@vip.163.com
　　　　　网址：https://press.scu.edu.cn
印前制作：四川胜翔数码印务设计有限公司
印刷装订：成都市新都华兴印务有限公司

成品尺寸：170 mm×240 mm
印　　张：8.75
字　　数：164 千字

版　　次：2023 年 1 月 第 1 版
印　　次：2023 年 1 月 第 1 次印刷
定　　价：49.00 元

扫码查看数字版

四川大学出版社
微信公众号

目　　录

第一章　成渝地区双城经济圈人才协同培育的现状

　　成渝地区区位条件相对优越，位于我国南北交汇、东西贯通之处；坐拥西南，向西可连接西北，沟通中亚；向南可与珠三角经济带互动，沟通南亚、东南亚；位于长江水系之开端，沿长江向东则与长江经济带呼应。作为多个区域、多个经济带的重要交汇点和交通走廊，成渝地区在地理尺度和市场要素上拥有广阔的空间范围。区域内生态禀赋优良、能源矿产丰富、城镇密布、风物多样，是我国西部人口最密集、产业基础最雄厚、创新能力最强、市场空间最广阔、开放程度最高的区域。此外，成渝地区作为西部陆海新通道的起点，既可连接西南西北，沟通东亚与东南亚、南亚，还可连接中欧，打通孟中印缅经济走廊。

　　中共中央、国务院高度重视成渝地区发展。2020 年 1 月 3 日，习近平总书记主持召开中央财经委员会第六次会议，作出推动成渝地区双城经济圈建设、打造高质量发展重要增长极的重大决策部署。该决策为未来一段时期成渝地区发展提供了根本遵循和重要指引。在区位优势的加持下，成渝地区双城经济圈在国家发展大局中具有独特而重要的战略地位，是国家城市群发展战略的重要组成部分。就国内而言，成渝地区双城经济圈是我国西部地区连接东西、沟通南北的重要战略区域。成渝地区可作为贯通我国南北经济间华北和西南地区的交通运输大通道，亦可连接东西经济，拓展长江经济带的辐射范围。此外，成渝地区双城经济圈有利于打造西部经济发展高地，建设西部地区重要经济中心，支持西部大开发的深化发展。展望国际，成渝地区双城经济圈对于"一带一路"的发展具有重要意义。西南地区与"一带一路"国家地缘相邻、文化相近，是国家间区域合作的前沿地带，可作为撬动内陆地区对外开放的支点。成都、重庆均为中欧班列的关键节点，多条快速货物班列自此出发，成渝地区双城经济圈的形成有利于中欧经济通道的纵深发展。

　　在此基础上，成渝地区双城经济圈人才协同培育也逐步提上建设议程。从

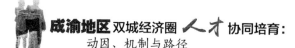

区域协同发展角度来看，成渝地区已认识到，人才协同培育将为双城经济圈建设提供有力的智力支撑。近年来，成渝地区在联合开展科技攻关、平台建设、成果转化、人才培养等方面已取得了积极的成效，比如自贡、泸州、广安等地与重庆大学、西南大学等高校签署了 30 多份合作协议，内江、达州、广元等地依托重庆高校培训资源，围绕公共管理、产业发展、专业基础等专题，两年累计培训干部千余人次。[①] 可见，成渝地区对人才协同培育的深刻认识与积极行动将为其深度合作与人才协同培育带来更大契机，推动成渝地区双城经济圈人才协同培育正当其时、大有可为。

第一节　成渝地区双城经济圈
人才协同培育的必要性

21 世纪以来，我国为了推动"中国制造"向"中国智造"转型升级，制定了科教兴国、创新型国家等一系列重要战略举措。而科技创新向来离不开人才的引领，各经济地区作为培养高层次科技创新的人才摇篮，一直以与时俱进的人才培育模式来满足信息化、智能化时代对高层次科技创新人才在数量与质量方面的需要。如今，在区域人才培育理念的推动下，围绕区域人才培育核心工作的人才协同培育机制应运而生。人才协同培育本着开放性、包容性、协同性和创新性的原则，通过建立一套实现地区与地区、地区与科研单位、地区与企业、地区与创新资源之间的有效融合体系，为区域带来更加高质量、高效率的人才协同培育体系，达到推动科学创新、带动产业升级、促进区域经济发展的作用[②]，实现成渝地区人才协同培育学以致用、一专多能的高层次人才的使命。近年来，成渝地区双城经济圈的创新需求旺盛、产学研合作活跃，迫切需要建立以成渝协同创新为中心的人才培育机制，积极探索政产学研结合的新模式。从成渝地区双城经济圈的建设来看，推动人才协同培育机制的创新政策项目引导，正成为缓解西部地区人才制约的一种有效路径和趋势。成渝地区双城经济圈也越来越成为创新资源集聚、人才布局合理、人才优势突出、产业形态

---

① 陈国栋：《川渝两地签署首个人才合作协议》，《重庆日报》，2020 年 4 月 22 日第 4 版。
② 韦杰、黄英姿：《基于协同育人视角下的应用型本科人才培养模式创新探讨》，《教育教学论坛》，2018 年第 26 期，第 203～205 页。

高端、科教协同创新的人才高地，加快建立与之相匹配的人才协同培育机制显得尤为迫切。

一、成渝地区双城经济圈人才协同培育的时代背景

改革开放以来，历届中央领导人对人才的认识不断深化。邓小平同志提出"科学技术是第一生产力"的论断，大力倡导"尊重知识、尊重人才"，并主管科技教育工作；江泽民同志提出"人才资源是第一资源"，在市场经济条件下全面创新了党的人才思想；胡锦涛同志则提出推动科学发展的人才理念，大力实施人才强国战略；习近平总书记提出"聚天下英才而用之""坚持党管人才原则"等重要思想，多次将人才工作摆在国家发展全局的突出位置，以此促进人才引领发展的战略格局形成。此外，国家还实施了更积极、更开放、更有效的人才政策，在把握新发展格局的同时不断开创"人人皆可成才、人人尽展其才"的生动局面。纵观上述战略把脉、政策指导、方案实施，无不体现出党对人才管理的主导地位，以及中国共产党对中国人才工作规律的正确把握，既丰富和发展了马克思主义中国化人才思想，促进中国特色社会主义人才理论形成，也为中国人才政策的制定和人才工作的开展提供了理论指导和基本遵循。

值得注意的是，在当前全球化背景下，中国以人口红利为特征的经济增长模式遇到了前所未有的挑战：从国际形势看，经济全球化遭遇逆流，国际贸易和投资大幅萎缩，部分国家贸易保护主义迅速抬头，中国的外向型经济会长时间面临严峻挑战，且未来将继续在一个更加不稳定、不确定的世界中谋求发展。从国内形势看，中国经济正处在转变发展方式、优化经济结构、转换增长动力的攻关期，随着人口老龄化、人工成本上升以及长期以来的粗放式增长对生态环境的破坏，国内经济也面临着结构性、体制性、周期性问题相互交织所带来的困难和挑战。[①] 面对国际国内形势的新变化，以习近平同志为核心的党中央在实现"两个一百年"奋斗目标的历史交汇点上，根据中国发展阶段、环境条件的新变化，特别是基于中国比较优势的变化，审时度势地作出了构建新发展格局的重大决策，即未来中国将加快形成以国内大循环为主体、国内国际双循环相互促进的新发展格局。而中国新发展格局的底层逻辑，则是以人才驱动科技创新、以科技创新驱动高质量发展为基础。可见，人才资源已经成为重要的战略发展资源，重视人才工作不仅是中国经济社会发展的需求，也是应对

[①] 苏中兴：《新发展格局呼唤产学研紧密结合的人才战略》，《光明日报》，2020年12月1日第14版。

不稳定全球化挑战的必然选择。为此，党的十八大以来，习近平总书记及时发出"广开进贤之路，广纳天下英才"的号召，发表了一系列关于人才工作的重要讲话，彰显人才的重要性及意义。

（一）聚天下英才而用之

高度重视人才工作，坚持聚天下英才而用之。党的十八大以来，以习近平同志为核心的党中央正确把握人才在国家改革发展进程、中华民族伟大复兴进程中的重要地位和作用，强调要把人才资源作为党执政兴国的第一资源。2021年9月召开的中央人才工作会议强调，中国比历史上任何时期都更加接近实现中华民族伟大复兴的宏伟目标，也比历史上任何时期都更加渴求人才。2013年10月21日，习近平总书记在欧美同学会成立100周年庆祝大会上指出，"'致天下之治者在人才。'人才是衡量一个国家综合国力的重要指标。没有一支宏大的高素质人才队伍，全面建成小康社会的奋斗目标和中华民族伟大复兴的中国梦就难以顺利实现"①，重点强调了人才是实现中华民族伟大复兴中国梦的有力支撑。随后，党的十九大报告又提出了"人才是实现民族振兴、赢得国际竞争主动的战略资源"等一系列重要论断，把人才强国战略提升到了关乎国家和民族前途命运的重要位置，并强调"人人皆可成才"，引导人才将自身的梦想与国家的复兴结合起来，在伟大中国梦的实践中发挥砥柱中流的作用。当前，中国正处在实现"两个一百年"奋斗目标的关键时期，对人才的需求比任何一个时期都更加强烈，对实施人才强国战略的迫切性比以往更加明显。因此，习近平总书记在广东考察时强调"走创新发展之路，首先要重视集聚创新人才。要充分发挥好现有人才作用，同时敞开大门，招四方之才，招国际上的人才，择天下英才而用之"②。此外，我国广泛凝聚海内外优秀人才，在一定程度上提升了中国人才的国际竞争力。可见，我国高度重视人才工作，坚持聚天下英才而用之，加快人才强国建设步伐，推动我国人才事业蓬勃发展，不断开创人才工作新局面。

---

① 习近平：《对广大留学人员的四点希望》，《人民日报》，2013年10月22日第1版。
② 中共中央文献研究室：《习近平关于科技创新论述摘编》，中央文献出版社，2016年，第107页。

（二）德才兼备，以德为先

明确了选人用人的人才标准，并解答了选人用人的难题。"为政之要，莫先于用人"，选人用人问题是党和人民事业成败的关键问题。党的十八大以来，党中央为实现"两个一百年"奋斗目标和中华民族伟大复兴，始终把选人用人作为关系党和人民事业的重要问题来抓，围绕培养新时代党和人民需要的好干部要求，创造性地提出一系列选人用人的新理念新思想新要求。首先，明确选人用人的标准。习近平总书记指出："好干部的标准，大的方面说，就是德才兼备……现在，我们提出政治上靠得住、工作上有本事、作风上过得硬、人民群众信得过等具体要求，突出了好干部标准的时代内涵。概括起来说，好干部要做到信念坚定、为民服务、勤政务实、敢于担当、清正廉洁。"① 即提出了"德才兼备、以德为先"的选人用人标准。既强调了德与才二者对人才缺一不可，又突出了以德为首的先决条件，即选才用才要重品德。其次，鲜明提出加强干部队伍的专业化建设，强调培养干部的专业能力和专业精神。根据党和国家事业发展的需要和干部队伍的实际情况，党中央提出建设高素质专业化干部队伍的战略任务，要求优化领导班子知识结构和专业结构，增强领导班子整体功能；要求注重培养干部的专业能力、专业精神，增强干部队伍适应习近平新时代中国特色社会主义发展要求的能力等。最后，强调大力发现并储备年轻干部，培养造就一代又一代可靠接班人。② 习近平总书记在庆祝中国共产党成立95 周年大会上指出："伟大的斗争，宏伟的事业，需要高素质干部。我们要坚持德才兼备、以德为先，坚持五湖四海、任人唯贤，坚持事业为上、公道正派，坚决防止和纠正选人用人上的不正之风，把党和人民需要的好干部精心培养起来、及时发现出来、合理使用起来。"③ 培养选拔年轻干部，事关党的事业薪火相传，事关国家长治久安。为此，更要建设一支忠实贯彻习近平新时代中国特色社会主义思想、符合新时期好干部标准的高素质专业化年轻干部队伍，做到忠诚干净有担当、数量充足、充满活力。

（三）解绑人才，迸发人才活力

针对如何挖掘利用人才的问题，提出构建人才制度体系来深化人才发展体

---

① 习近平：《习近平谈治国理政》（第一卷），外文出版社，2018 年，第 412 页。
② 王懂棋：《建设适应时代发展要求的高素质专业化干部队伍》，《中国党政干部论坛》，2018 年第 8 期，第 36～39 页。
③ 习近平：《在庆祝中国共产党成立 95 周年大会上的讲话》，人民出版社，2016 年，第 24 页。

制改革。综合国力竞争的关键是人才竞争，人才竞争根本上又是人才制度的竞争。2016年我国颁布实施《关于深化人才发展体制机制改革的意见》，标志着我国人才发展已进入全面深化改革、推进制度创新的新时期。同年5月，习近平总书记为中国人才制度建设作出重要指示："办好中国的事情，关键在党，关键在人，关键在人才。综合国力竞争说到底是人才竞争。要加大改革落实工作力度，把《关于深化人才发展体制机制改革的意见》落到实处，加快构建具有全球竞争力的人才制度体系，聚天下英才而用之。要着力破除体制机制障碍，向用人主体放权，为人才松绑，让人才创新创造活力充分迸发，使各方面人才各得其所、尽展其长。"① 在深化人才发展体制机制改革的号召下，人才制度改革首先由人才管理体制改革开始推进。目前的人才管理体制急需在四个方面力求大的突破：在发挥市场配置人才的决定性作用方面力求大的突破，在加快转变政府人才管理职能方面力求大的突破，在保障落实用人单位自主权方面力求大的突破，在加强人才管理法制建设方面力求大的突破。其次，需要重点解决三块短板：一要着力解决人才管理中行政化、"官本位"问题，二要尽快破除人才评价中重学历的倾向，三要着力解决科研成果转化难、收益难问题。再次便是人才评价制度改革。2018年2月，由中共中央办公厅、国务院办公厅印发的《关于分类推进人才评价机制改革的指导意见》指出："建立科学的人才分类评价机制，对于树立正确用人导向、激励引导人才职业发展、调动人才创新创业积极性、加快建设人才强国具有重要作用。"② 这强调了科学合理的人才分类评价机制可以调动各方面各类人才的积极性，能为深入实施人才强国战略提供人才保障。最后则是针对人才流动问题进行人才体制机制改革。2019年12月，中共中央办公厅、国务院办公厅印发了《关于促进劳动力和人才社会性流动体制机制改革的意见》，构建了促进劳动力和人才社会性流动的政策体系框架，保证了人才合理、公正、畅通、有序的流动，形成全社会关心人才、支持人才的良好氛围。③ 以上深化人才发展体制改革的实施，为中国人才强国战略的有序推进提供了政策保障，为实现中华民族伟大复兴奠定了坚实的人才基础。

---

① 《习近平就深化人才发展体制机制改革作出重要指示》，《人民日报》，2016年5月7日第1版。
② 《中共中央办公厅 国务院办公厅印发〈关于分类推进人才评价机制改革的指导意见〉》，http://www.gov.cn/zhengce/2018-02/26/content_5268965.htm。
③ 吴江：《告别户口"紧箍咒"让人才流得动留得下》，《光明日报》，2020年1月12日第7版。

（四）党管人才，用活人才

深刻认识党管人才原则的重要性，提高党管人才水平。党的十九大报告明确指出要坚持党管人才原则，聚天下英才而用之，加快建设人才强国。这进一步丰富了党管人才原则思想，加强了党对人才工作的顶层设计和整体规划，保证了中国人才工作沿着正确的方向前进。首先，党管人才原则的目的是用好、用活人才。最大限度地发挥党管人才工作的杠杆效应和辐射作用，盘活用好人才，鼓励人才创新，释放人才最大效能，实现人才最大价值。毕竟，坚持和完善党管人才原则，切实改进党管人才方法，才能真正做到解放人才、发展人才、用活人才。这充分说明，党管人才原则最根本的一点是要大胆破除各种束缚人才发展的陈旧思想观念和落后管理机制，建立健全充满生机活力的人才发展体制机制，为各类人才施展才华提供更多发展机遇和更大发展空间。其次，党管人才原则的重点是谋大局、管大事。党中央作为党管人才的责任主体，发挥着统揽全局、协调各方的领导核心作用，担负着管大事、抓关键的职能。但是党管人才原则是统揽人才，主要是管宏观、管政策、管协调、管服务，着眼于人才工作中的宏观性、全局性事务，解决好关键性、长远性问题，而不是由党委去包揽人才工作的一切具体事务。[①] 最后，党管人才原则的形式主要是宏观管理，其具有自身特殊规律，既受人才市场规律的影响，也受人才成长规律的制约。对国际人才，要遵循国际人才流动规律。可见，要充分坚定党管人才原则，就要构建灵活的人才管理体制，发挥政府职能部门的职责作用，例如保持人才队伍稳定、保障公平竞争、维护市场秩序和弥补市场失灵等，统揽人才资源配置，推动人才资源配置的优化。同时，要适应全球人才竞争的新形势，构建开放型的党管人才体制，发挥好国际国内两个人才市场的作用，促进国际国内人才资源高效配置。[②] 另外，还要遵循人才成长规律，制定人才培养、评价和激励办法，提升党管人才的科学化水平。

党的十八大以来，中国开启了从人才大国迈向人才强国的新征程。经过多年的建设和发展，中国已经进入人才大国的行列，仅就经济总量而言，中国自2010 年开始已经连续 10 年位居全球第二位；在科技论文产出方面，从 2009 年开始就位列世界第二，2010 年至 2020 年（截至 2020 年 10 月），科技人员

[①] 张宏、韩飞：《党管人才是为了人尽其才》，《人民日报》，2016 年 10 月 10 日第 7 版。
[②] 张宏、韩飞：《党管人才是为了人尽其才》，《人民日报》，2016 年 10 月 10 日第 7 版。

共发表国际论文 301.91 万篇，总量同样位列世界第二。① 这一切成就的背后，人才是重要原因。但总体也存在人才总体质量低、地区与行业发展不均衡、人才供需结构性过剩、高端人才短缺等问题。面对这些问题，党的十八大提出推动中国由人才大国迈向人才强国的目标，人才质量工作成为党和政府的人才工作核心议题。2012 年 10 月，党的十八大报告指出要尊重劳动、尊重知识、尊重人才、尊重创造，加快确立人才优先发展战略布局，造就规模宏大、素质优良的人才队伍，推动中国由人才大国迈向人才强国，并提出实施重大人才工程、强化人才体制机制改革等一系列重要指示，为深入实施人才强国战略做出了制度性的安排。2016 年 3 月，《中华人民共和国国民经济和社会发展第十三个五年规划纲要》明确提出实施人才优先发展战略，强调把人才作为支撑发展的第一资源，加快推进人才发展体制和政策创新，构建有国际竞争力的人才制度优势，提高人才质量，优化人才结构，加快建设人才强国。随后中共中央印发了《关于深化人才发展体制机制改革的意见》，提出"破除束缚人才发展的思想观念和体制机制障碍，解放和增强人才活力，构建科学规范、开放包容、运行高效的人才发展治理体系，形成具有国际竞争力的人才制度优势"②，进一步解放了人才工作思想，激发了人才工作的活力。2017 年 10 月，党的十九大报告把人才强国战略与科教兴国战略、创新驱动发展战略、乡村振兴战略、区域协调发展战略、可持续发展战略和军民融合发展战略并列提出，并把人才强国战略贯穿到了国家战略安排中，充分体现了人才在国家发展过程中的重要性。

成渝地区双城经济圈响应时代号召，先后落实了系列人才协同培育政策，为建设社会主义现代化强国提供人才支撑，为做好新时代人才工作提供实例遵循，为社会主义现代化强国汇聚人才。近年来，面对国家重大战略调整和经济社会发展对各类人才的紧迫需求及对现行体制机制的改革诉求，国家相继出台了《国家海外高层次人才引进计划管理办法》《关于深化人才发展体制机制改革的意见》等文件，为构建具有国际竞争力的人才治理体系、聚焦人才改革重点领域和方向、破除人才发展的体制机制桎梏、建立人才发展的持续稳健机制，特别是为突破优秀人才、高端人才、特殊人才的"天花板"难题提供了思想指引和制度保障。因此，成渝地区双城经济圈需要继续深化人才发展体制改

---

① 李侠：《"百人计划"：唯人才可托起百年强国梦》，https://www.sohu.com/a/457992349_114988。

② 《中共中央印发〈关于深化人才发展体制机制改革的意见〉》，http://www.gov.cn/zhengce/2016-03/21/content_5056113.htm。

革，加快形成有利于知识分子干事创业的体制机制，打造一支规模宏大、富有创新精神、敢于承担风险的创新型人才队伍，在吸引、用好、培养上下功夫，让人才的能量充分释放出来。

二、谋划两个大局图景的发展需要

当前，和平与发展仍是国际形势主流，我国仍处于发展的重要战略机遇期，全面建设社会主义现代化国家前景光明；同时，世界和平与合作不断遭遇霸权主义、单边主义损害，前进的道路不会一帆风顺，必须做好应对各种困难局面的准备。从2013年的"更好统筹国内国际两个大局，夯实走和平发展道路的基础"到2019年的"胸怀两个大局，做好自己的事情"，中华民族伟大复兴的战略全局与世界百年未有之大变局的两个大局思想正是提出成渝地区双城经济圈建设的出发点。在成渝地区双城经济圈人才协同培育的进程中，谋划两个大局图景就是要求人才协同培育能够具有世界眼光和战略思维，更加紧扣时代特征与现实需求，看大势、明方向、谋长远，于危机中育先机，于变局中开新局。

谋划两个大局需要成渝地区双城经济圈牢牢掌握人才主动权。此前中国创造了经济持续高增长的奇迹，但多年的经济高增长主要是依靠生产要素投入、低成本竞争和市场外延扩张的粗放型经济实现的。随着中国人口结构的变化，低廉且充足的劳动力供给特征正在逐步消失，加上反映资源稀缺程度和环境损害成本的生产要素和资源价格形成机制的完善，中国将加快产业转型升级步伐，将经济增长由依靠生产要素投入转移到依靠人才素质提高和科技进步的轨道上来。① 《中华人民共和国国民经济和社会发展第十四个五年规划纲要》明确提出要发展战略性新兴产业，构建一批各具特色、优势互补、结构合理的战略性新兴产业增长引擎，培育新技术、新产品、新业态、新模式。可见，培育和造就大批适应新兴产业发展需求、掌握主动权的人才，对于成渝地区发展战略性新兴产业、推动产业结构升级调整、建设现代产业体系等至关重要。为此，成渝地区双城经济圈需要强化人才兴国、科技强国战略的措施，加快自主创新步伐，立足两个大局思想，始终保持战略定力，从建立人才协同培育机制入手，有效解决适应产业结构调整和升级发展的人力资源保障问题，在构建以国内大循环为主体、国内国际双循环相互促进的新发展格局中实现更大作为，

---

① 刘秉镰：《加快人才培养结构调整 服务现代产业体系建设》，《中国教育报》，2012年8月10日第2版。

以此提高人才培养的规模、结构和质量与产业发展的匹配程度，从而以人才主动权应对国际国内两个大局。

谋划两个大局需要成渝地区双城经济圈平稳部署人才。2021 年 8 月 27 日，《中国科技人才发展报告（2020）》指出，"十三五"期间，作为衡量科技人力投入的重要指标，R&D 人员实现全时当量快速增长，年均增速超 7%。同时，2019 年 R&D 人员中本科及以上学历人员占比达到 63.6%，博士学历人员占比达到 8.5%，更多青年科技人才脱颖而出。① 可见，随着高等教育迅速发展，大量年轻人通过教育渠道进入科技人力资源存量，使中国进入了以青年科技人力资源为主体的红利释放黄金时期。但是中国的 R&D 人员投入强度仅高于土耳其等发展中国家，在科技人力资源的层次结构，特别是在顶尖人才方面，与世界高水平国家还有很大差距。在当前中国科技事业正从以跟踪模仿为主的"跟跑"向"并跑""领跑"转变的时刻，更加需要大批能够参与全球竞争的高水平人才。为此，成渝地区双城经济圈要坚定不移地把思想和行动统一到国家决策部署上来，坚持两个大局思想，通过人才协同培育机制来更积极地吸引、部署人才，使人才流动日益呈现全球化、网络化、密集化的特点，以此满足更好地参与国际人才竞争的需要。

谋划两个大局需要成渝地区双城经济圈维持区域人才协同培育的互动性。目前，中国的城市化已进入新阶段，其特征表现之一便是城市间的竞争、较量，不再是单一城市的同台博弈，而是涉及面宽广、动员与影响深远的区域性城市群之间的团体竞技。此前在资源、要素等没有充分自由流动的时候，单体城市能够凭借其所具有的位次与层级优势，在科层制的城市结构体系中占有一席之地。但是在如今呈扁平、网状的城市竞争格局中，统一的大市场冲破了曾存在于城市间的有形与无形羁绊，拆除了人为因素造成的束缚。对于任何单体城市而言，在人力资源要素的使用效率、统一开放竞争有序的人才市场体系等方面，城市群能够承载、带动单体城市的人才力量不断前进并收获便利。② 可见，单体城市积极加入城市群将对其经济建设、抢占城市竞争制高点有着重要意义。成渝地区拥有西部最好的科教资源，高校、科研院所的创新能力强。成渝地区是我国西部产业基础最雄厚的区域，已经形成电子信息、汽车两大万亿级产业集群，以及装备制造等具有全国竞争力的特色产业。不仅如此，成渝地

① 杨舒：《〈中国科技人才发展报告（2020）〉发布 我国科技人才队伍规模素质均大幅提高》，《光明日报》，2021 年 8 月 28 日第 4 版。
② 李麦产：《在历史文化资源的土壤里培育城市竞争新优势——以扬州为例试谈城市群中单体城市的发展》，《城市观察》，2015 年第 1 期，第 184～192 页。

区还拥有大量有吸引力的特色消费资源，通过营造高品质消费空间，可以推动消费供给持续升级。对此，未来成渝地区双城经济圈共建具有全国影响力的科技创新中心、现代产业体系，富有巴蜀特色的国际消费地，对于区域性城市发展大有裨益。而建立人才协同培育机制、推进人才协同培育平台建设更是推进成渝地区双城经济圈发展的重要因素。由此，成渝地区双城经济圈可在人才策略上由离散转向聚合，即规划范围内的城市彼此间实施人才协同培育的"合纵"或"连横"，通过此方式弥补当下单体城市经济发展的不足，扩展发展空间，在国际国内的城市竞争新格局中抢占先机。

从逐渐累积的合作成果可见，成渝地区牢牢把握国内、国际两个大局，在大战略大格局中提升站位，在新机制新局势中展现新作为，使得成渝地区双城经济圈建设逐渐为区域发展标定了新方位，也为人才协同培育的未来标注了新起点，具有深刻推动人才协同培育的重大意义，为全面建设成渝地区双城经济圈人才协同培育机制按下"启动键"。

三、打造中国经济"第四极"位置的战略需要

自"十二五"规划以来，成渝地区已成为国家区域发展战略的重要惠及区。2011 年，国务院批复的《成渝经济区区域规划》明确成渝经济区到 2020 年成长为综合实力最强的区域之一。2016 年，《成渝城市群发展规划》部署成渝地区将在 2030 年实现由国家级城市群向世界级城市群的历史性跨越。2020 年，国家把脉成渝地区发展大计，做出推动成渝地区双城经济圈建设、打造高质量发展重要增长极的重大决策部署。2021 年 2 月，《国家综合立体交通网规划纲要》提出要以京津冀、长三角、粤港澳大湾区和成渝地区双城经济圈作为"极"来建设面向世界的四大国际性综合交通枢纽集群。2021 年 11 月 26 日，根据国家发展和改革委员会批复的《成都都市圈发展规划》，成渝地区要打造带动全国高质量发展的重要增长极和新的动力源，成为继京津冀、长三角和粤港澳之后的中国经济"第四极"。

随着中国城市化发展进入大城市阶段，全国各地都在突出城市群对区域经济的增长极作用。"增长极"是在 20 世纪 50 年代出法国经济学家佩鲁提出的理论，指的是社会经济客体在特定城市的集聚而使经济高效发展，同时在这种集聚基础上进一步向外围地区扩散，带动这些地区的发展。在增长极理论的应用下，成渝地区双城经济圈可以通过其吸引力和扩散力不断地扩大自身规模，还可以通过所在地区的技术创新与扩散、资源的聚集与输出等产生吸引或辐射作用，从而不仅使所在地区获得优先增长，还能带动周边地区的迅速发展。为

此,打造中国经济"第四极"是成渝地区双城经济圈建设的重大发展使命。成渝地区双城经济圈打造中国经济"第四极",是新时代促进区域协调发展,形成优势互补、高质量发展区域经济布局的重大战略支撑,是构建以国内大循环为主体、国内国际双循环相互促进新发展格局的重大举措。有利于在西部形成高质量发展的重要增长极,增强人口和经济承载力;有利于打造内陆开放战略高地和参与国际竞争的新基地,助推形成陆海内外联动、东西双向互济的对外开放新格局;有利于吸收生态功能区人口向城市群集中,使西部形成优势区域重点发展、生态功能区重点保护的新格局,保护长江上游和西部地区生态环境,增强空间治理和保护能力。

目前成渝地区双城经济圈的规划范围包括重庆市的中心城区及万州、涪陵、綦江、大足、黔江、长寿、江津、合川、永川、南川、璧山、铜梁、潼南、荣昌、梁平、丰都、垫江、忠县等 27 个区(县)以及开州、云阳的部分地区,四川省的成都、自贡、泸州、德阳、绵阳(除平武县、北川县)、遂宁、内江、乐山、南充、眉山、宜宾、广安、达州(除万源市)、雅安(除天全县、宝兴县)、资阳等 15 个市。该区域总面积 18.5 万平方公里,2019 年常住人口 9600 万人,地区生产总值近 6.3 万亿元,分别占全国的 1.9%、6.9%、6.3%。① 由此可见,成渝地区双城经济圈内大中小城市和小城镇数量众多,区域差异较大,如何立足中国经济"第四极"的需求来建立科学合理的规划布局体系,对于统筹成渝地区双城经济圈大中小城市和小城镇发展至关重要。

首先,成渝地区双城经济圈需要加快推进多中心、组团化发展,立足"一轴两翼",推动"双圈"一体化发展,最终带动区域发展。"一轴"为成渝发展的主轴,依托成都市、重庆市的产业基础与交通通道,加强成都都市圈与重庆都市圈的互动发展。"两翼"指南北两翼协同发展走廊,北部即渝东北—川东北发展走廊,支持万州建设渝东北区域中心城市,支持南充、达州建设川东北区域中心城市,发挥垫江、梁平、丰都、忠县、云阳节点作用,带动成渝地区北翼发展。南部为川南—渝西发展走廊,推动川南、渝西地区融合发展,支持宜宾、泸州建设川南区域中心城市,推动内江、自贡同城化,带动双城经济圈南翼跨越发展;同时支持自贡、泸州、内江、宜宾、江津、永川、荣昌等共建川南渝西融合发展试验区。"双圈"则指成都都市圈与重庆都市圈的协同发展。对于成都都市圈而言,充分发挥成都市的带动作用,推动成都与德阳、眉山、

---

① 《中共中央 国务院印发〈成渝地区双城经济圈建设规划纲要〉》,http://www.gov.cn/gongbao/content/2021/content_5649727.htm。

资阳的一体化发展，打造成德眉资同城化综合示范区；分头推进成德临港经济产业带、成眉高新技术产业带、成资临空经济产业带；推动成都东进，与重庆联动发展。对于重庆都市圈而言，畅通璧山、江津、长寿、南川联系中心城区通道，实现同城化发展；通过产业基地建设和西部陆海新通道建设带动涪陵、永川、合川、綦江、万盛等区域中心建设，提升荣昌、铜梁、大足、潼南的特色化功能，与成都相向发展；推动广安融入重庆都市圈，打造川渝合作示范区，进而推动中心城区与渝西地区的融合发展。

其次，成渝地区双城经济圈可在中国"第四极"的目标指引下，实施高效、开放、特色、优质、整体发展的新型城镇化战略，统筹成渝地区城镇化建设。在成渝地区双城经济圈建设这一重大机遇面前，重庆与成都两中心城市的带动作用已十分明显，无论是 2020 年 1 月 3 日召开的中央财经委员会第六次会议，还是 2020 年 10 月 16 日召开的中央政治局会议，均强调要促进产业、人口及各类生产要素合理流动和高效集聚，突出重庆、成都两个中心城市的协同带动。但仅依靠两中心城市的带动作用是远远不够的，根据 2022 年 3 月 28 日四川省统计局公布的数据，2021 年成渝地区双城经济圈实现地区生产总值73919.2 亿元，经济总量占全国 GDP 比重 6.5%。[①] 尽管成渝地区发展总体呈现稳中加固、稳中提质、稳中向好的态势，但距离建成中国经济发展的"第四极"还有很大的差距。因此，在全国"两带四圈"的区域发展战略中，成渝地区应尽快落实新型城镇化战略，通过拉动城镇化发展做大经济总量，具体为：通道带动、凝聚实力、高效发展，文化引领、增强活力、开放发展，产城互动、融合动力、特色发展，生态提升、挖掘潜力、优质发展，分区推进、强化效力、整体发展。在保障核心城市重庆、成都的优先发展基础上，成渝地区也应不断跟紧区域协同发展步伐，甚至可将城镇化建设作为人才协同培育过程的实践环节，努力让更多城镇被"看见"，让更多人才从脚踏实地的培育中走出。

此外，成渝地区双城经济圈在人才协同培育过程中也需建立科学合理的规划布局体系。首先，成都市和重庆市双核地位显著，经济发展情况处于领先地位，故人才协同培育的规划布局也需要突出双城引领，同时注重转变城市发展方式，提升人才质量、满足人才多元需求；其次，区域内数量众多的中小型城市要不断引进高层次人才，夯实产业基础，实现产业需求与人才需求的对接；再次，小型城镇则需要发挥城乡融合发展、新型城镇化的重要作用，加快补齐

---

① 四川省统计局：《双圈建设成势见效 步入发展快车道》，http://tjj. sc. gov. cn/scstjj/c105846/2022/3/28/c5e170c33e31455c88ef4b9f99f0dbaf. shtml。

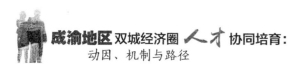

发展短板，推陈出新人才政策，努力创造吸引人才的良好环境。

四、构建人才协同创新高地的科学需要

在坚定贯彻成渝地区双城经济圈建设战略的基础上，成渝地区纷纷发力，不仅加快建设高质量发展增长极和动力源的步伐，还共建推动高质量发展的创新策源地和先进要素汇注地，制定具有全国影响力的科技创新中心的策略。协同创新是以知识流转、价值创造为核心，由企业、园区、政府、知识生产机构、中介机构、行业协会等组成的创新主体，为了实现重大科技创新而开展的大跨度整合的创新模式。[①] 当下，成渝地区科教资源丰富，创新需求旺盛，产学研合作活跃，拥有 129 所高校、61 家科研院所，是全国第五大科教资源集聚区，区域创新能力位居全国第一方阵。[②] 可见，成渝地区双城经济圈越来越成为创新资源集聚、人才布局合理、人才优势突出、产业形态高端的人才协同创新高地，加快建立与之相匹配的人才协同培育机制成为当下必要之举。

面对人才协同创新高地的建设需要，成渝地区双城经济圈可通过产学研融合、人才协同培育机制创新等手段充分运用科教资源，面向国家重大战略、科技和经济主战场优化结构的需求，加快建设区域协同创新体系，着眼提升成渝地区在国家创新网络中的位势能级，让各个协同创新主体实现创新互惠、知识共享、资源配置、行动同步，从而达到区域优势互补，加速技术推广、应用和产业化，协作开展产业技术创新和科技成果产业化的目的，全面增强人才协同创新高地对城市发展、产业升级的支撑作用。成渝地区双城经济圈构建人才协同创新高地主要体现在两个方面：一是鼓励科教单位与企业、学校共同开展科研工作，通过科研项目的攻坚突破来寻求提高区域原始创新能力的方法，创造推动社会生产力提质增效的科技创新成果，从而实现更好的经济价值和社会效应；二是推进成渝人才协同创新环境改革，以人才需求为准，拓展人才协同创新培育机制，增强人才流通能力，提高成渝地区人才储备能力。

当前，产学研融合正成为成渝地区双城经济圈人才协同培育的有效路径之一。在改革开放以来四十多年的经济高速增长过程中，中国走出了一条以资源消耗为主的粗放式发展向以科技创新为主的集约式发展的转型升级之路。在

① 江涛、常斌：《全面融入成渝地区双城经济圈建设 打造引领重庆高质量发展的"科创智核"》，《重庆行政》，2020 年第 4 期，第 7~10 页。

② 王垚：《中国经济发展"第四极"如何打造？成都明确了这几点思路》，http://news.chengdu.cn/2020/0715/2137286.shtml。

习近平新时代中国特色社会主义思想的指引下，中国经济开始通过供给侧改革步入经济效益、生态效益和社会效益平衡发展的新常态。其中，科学作为第一生产力的作用越来越明显，人才作为科技生产的主体也不断推动科技前进与创新。传统的人才培育模式因在知识转化、产研学端口、人才储备能力等方面还存在不足，容易使地区陷入人才数量与质量均较差或不匹配的矛盾境地，已不适应中国经济结构转型升级的需求。而区域人才协同培育可改善科研人员与社会相脱离、与行业不融合的"象牙塔式"模式，通过区域内企业与高校联合，使学校、企业、科教单位均能互相提供人才储备资源，使科研人员实现知识与实践相结合。这便需要成渝地区双城经济圈人才协同培育紧扣成渝地区战略目标和产业体系建设，以高品质科创空间为依托，支持高校院所、科研单位、创新企业组建人才科技创新联盟，推动人才协同创新从供端研发向需端牵引变革，同时综合运用财政金融政策手段激励企业加大研发投入，搭建成渝地区人才资源和人才协同培育的供需对接平台，由此帮助成渝地区双城经济圈快速提高原始创新能力，实现从知识到技术的快速转化。

推进成渝地区人才协同创新环境的改革也同样重要。在社会对人才要求越来越严格、具体的客观现实下，成渝地区双城经济圈凭借着良好的产业基础和积累的经济实力、改革开放集聚的丰厚资源、科技创新引领的战略策略、区域营造的良好氛围，有望成为西部地区新的经济增长点和产业升级动力源。但是在人才数量逐渐增多的情况下，数量的提升并没有推动人才创新能力与综合能力的提升，尤其是在统一专业的人才培育体制下，人才缺乏个性化、多元化的专业扩展，在知识创造过程中能力"千篇一律"，客观上加剧了同一专业人才的竞争压力。另外以专业划分的人才培育模式与实践脱离而不能为产业、行业创造更多的价值，此种培育方式对社会发展的贡献也越来越小，从而使得成渝地区双城经济圈的人才培育出现了断层。为此，成渝地区双城经济圈为了今后的可持续发展，应充分利用区域合作优势，通过对当前的人才协同创新环境进行改革，让人才能够结合行业、企业的需求和其所从事的科研工作内容来调整培育规划，从而实现人才"百花齐放"的良性发展趋势，通过人才培育质量的不断增强来实现成渝地区双城经济圈人才可持续发展的目的。与此同时，成渝地区也要积极争取一批大科学装置和国家重点实验室落地，集中力量建设成渝地区联合实验室，推出更多前沿创新的科技技术，并努力带动周边区域在科技创新各个领域实现"并跑领跑"。

综上，在世界多极化、经济全球化背景下，成渝地区双城经济圈应围绕两个大局思想，面向国家战略需求和未来发展趋势，通过立足国际国内形势、把

握中国经济"第四极"位置、构建人才协同创新高地等方式增进区域人才之间的联动，专注培养具有独创精神的创新性人才、与产业互动的实践性人才、全面发展的高素质人才、与国际接轨的开放型人才，积极参与全国乃至全球的人才竞争、城市竞争。

第二节　成渝地区双城经济圈
人才协同培育的国内外经验比较

长期以来，党中央对成渝地区发展高度重视，多次为其把脉定向、擘画蓝图。早在 2011 年，国务院批复实施《成渝经济区区域规划》，明确要求把成渝经济区建设成为西部地区重要的经济中心，在带动西部地区发展和促进全国区域协调发展中发挥更加重要的作用。2016 年，国家发展和改革委员会、住房和城乡建设部联合印发的《成渝城市群发展规划》明确指出，到 2020 年成渝城市群要基本建成经济充满活力、生活品质优良、生态环境优美的国家级城市群。从成渝经济区到成渝城市群再到成渝地区双城经济圈，此项重大战略决策的提出正值奋力实现"十三五"圆满收官、全力谋划"十四五"高质量发展的关键时期，是基于国内外发展大势提出的，体现了成渝地区在全国发展大局中的分量。可见，如何建设成渝地区双城经济圈已经成为具有战略意义的重大课题。这不仅是为了中国的发展，也呼应了中国为应对国际变局的形势之举。但多数成渝地区双城经济圈的相关研究集中在背景分析研究上，还未从国内外其他城市群中寻求经验与启示，因此本节拟通过分析国内外著名城市群人才培育举措，借鉴其人才发展经验，为成渝地区双城经济圈今后人才协同培育机制的发展提出更加积极有效的对策。

一、国内区域人才协同培育总体概况

在上述背景下，通过梳理分析和归纳总结世界一流城市群的人才培育实践经验，明确其成功经验与主要特色，为成渝地区双城经济圈人才协同培育提供参考和借鉴，对于加快推动成渝地区双城经济圈的建设步伐，促进成渝地区双城经济圈跻身世界城市群行列具有重要的现实意义。为此，本节主要选取了长三角、粤港澳大湾区作为国内城市群经验的代表，旧金山湾区、东京湾区作为国际城市群经验的代表，并对其主要特色进行总结，分析未来成渝地区双城经

济圈人才协同培育的路径规划，从而明确成渝地区双城经济圈的发展目标和发展方向。

（一）国内区域人才协同培育主要措施

1. 长三角城市群

长三角区域一体化发展在 2018 年上升为国家战略，2019 年 5 月，《长江三角洲区域一体化发展规划纲要》发布，要求长三角区域提高经济集聚度、区域连接性和政策协同效率，形成高质量发展的区域集群。[①] 长三角自古是国家财赋重地、鱼米之乡，区位战略优势颇为凸显。2008 年国务院发布《国务院关于进一步推进长江三角洲地区改革开放和经济社会发展的指导意见》，首次在国家文件中提出推动长三角率先发展、一体化发展，通过长三角区域一体化发展，推动各城市形成发展合力，提升整体实力和质量。2010 年国家发展和改革委员会印发《长江三角洲地区区域规划》，2016 年国家发展和改革委员会、住房和城乡建设部联合印发《长江三角洲城市群发展规划》，对促进长三角城市群统筹布局和合理分工起到了非常重要的引导作用。在长三角一体化进程中，人才资源开发扮演着举足轻重的角色，人才流带动着资金流、物质流、信息流，为长三角区域一体化提供了必要的智力支持和人才保证，同时也成为长三角城市群的活力源泉。

2. 粤港澳大湾区城市群

粤港澳大湾区指由广东省 9 座城市（包括广州、深圳、珠海、佛山、惠州、东莞、中山、江门和肇庆）和香港、澳门两个特别行政区组成，拥有近 1 亿人口、总面积约 5.59 万平方公里的大型城市群。自 2008 年以来，国家陆续出台了一系列政策支持粤港澳大湾区建设。2016 年 3 月制定的《中华人民共和国国民经济和社会发展第十三个五年规划纲要》提出"推动粤港澳大湾区和跨省区重大合作平台建设"；2017 年 7 月，粤港澳三地签署《深化粤港澳合作推进大湾区建设框架协议》。协议提出完善创新合作机制，促进互利共赢合作关系，打造宜居宜业生活圈和粤港澳深度合作示范区的规划方案；并提出强化广东作为全国改革开放先行区，提升香港的金融、航运、贸易三大中心地位，

[①] 陈雯、孙伟、刘崇刚等：《长三角区域一体化与高质量发展》，《经济地理》，2021 年第 10 期，第 127~134 页。

以及推进澳门建设世界旅游休闲中心的合作目标。2012年12月，中央人才工作协调小组批复同意将广州南沙、深圳前海、珠海横琴规划为"粤港澳人才合作示范区"，并列为全国人才管理改革试验区。在"一国两制"框架下，指导制定支持粤港澳人才合作示范区的特殊政策和灵活措施，粤港澳人才合作示范区突出"粤港澳人才合作"特色，立足先行先试，着力在制度设计、载体建设、人才流动、政策落地、人才保障等方面取得突破。① 粤港澳人才合作示范区已初步打造出开放程度高、聚集能力强、体制机制活的人才试验区。

（二）国内区域人才协同培育主要特色

从区域特点和区域人才开发合作的深度、广度及效果来看，以上海为中心的长三角城市群和以广州为中心的粤港澳大湾区城市群具有深远的示范和借鉴意义。

1. 区域人才合作起点较高

长三角城市群和粤港澳大湾区城市群地处沿海开放地区和改革开放的最前沿，其区域人才合作起步较早，具有明显的先发优势。长三角人才开发合作，从起步之初就在省（市）级、地（市）级、县（市）级同时展开，既有江苏、浙江、上海两省一市的人才开发合作，又有地（市）级城市（区）的人才开发合作。例如上海与宁波签署了《关于沪甬合作开展专业技能能力认证考试协议书》；温州市与南通市签订协议，互派公务员挂职锻炼；上海市黄浦区与湖州市组织人事部门、建设部门联合开展城市建设管理干部培训以及委托性人才招聘；苏州市的吴江市与上海闵行区人才信息网互为会员，以利于人才信息共享。② 同时，长三角城市群还分别与东三省、西部五省区签署区域人才开发合作方面的协议，这标志着长三角城市群人才开发已由地缘性区域内合作向跨区域战略性合作迈进。而粤港澳大湾区城市群的人才合作既有泛粤港澳层面的人才开发合作，也有广东省内部八市间的人才开发合作，且合作范围十分广泛。

---

① 陈杰、刘佐菁、苏榕：《粤港澳大湾区人才协同发展机制研究——基于粤港澳人才合作示范区的经验推广》，《科技管理研究》，2019年第4期，第114~120页。

② 李金辉、王亮、张冰：《京津冀人才开发合作的研究与探索》，《中国人才》，2009年15期，第16~19页。

2. 区域人才合作领域更宽

沪苏浙三省市坚持"先易后难、先浅后深、先点后面"的原则,不断拓宽人才合作领域。2003年4月,三省市共同签署了高层次人才智力共享协议、专业技术职务任职资格互认协议、异地人才服务协议、博士后工作合作协议、专业技术人员继续教育资源共享协议、公务员互派协议等六个合作项目协议;2004年6月则共同签署了定期举办长三角网上人才交流大会的合作协议、开展人事争议仲裁业务协助和工作交流的协议、引进国外智力资源共享的协议;2005年9月,又签署了开展民营企业人才服务合作的协议,进一步明确在民营企业引进人才、组织开展民营企业人才培训、组织对口交流学习等五个方面加强合作。[1] 上述合作协议涵盖了人才资源开发领域的诸多方面,从制度层面确立了合作内容和合作机制。而粤港澳大湾区城市群则着力推动了区域人才网络平台、培训合作机制、人事代理互助、区域人才智力交流等方面的合作,在推动职业资格证书的互认、高级专家信息资源共享、人才交流信息共享、联合举办人才招聘会和推动人才服务合作等五个领域全方位开展合作,实现了区域人才合作在多领域"全面开花"。

3. 区域人才合作载体丰富

长三角城市群借助地缘优势,破除人才的地区、单位壁垒,搭建政策一体化、信息网络化、人才智力流动市场化、成果共享互惠化的合作载体。沪苏浙三省市定期举办人才交流大会、网上人才招聘会和外国文教专家专场招聘会,互享三地优势资源;设立紧缺人才培训分支机构,引进经济相对发达地区的紧缺人才培训和国际智力培训项目;开展异地人才招聘活动,让异地人才招聘团前来招聘高层次人才;建立长三角人才网站,实现了"一地投放、多地查询"。[2] 长三角各中心城市也纷纷发挥地区优势,搭建多层次的合作平台,推出品牌项目,大力促进区域人才合作交流。如南京的"国际智力交流会"、杭州的"西湖博览会"、宁波的"高层次人才交流洽谈会"、温州的"民营企业人才智力交流洽谈会"等均向各地发布信息、设立展位,为各地招聘人才提供方便。粤港澳大湾区城市群的前海管理局借鉴我国香港地区及国外城市的经验,

---

① 毛臻:《长三角人才开发一体化初见端倪》,《中国经济时报》,2004年12月7日第1版。
② 吴从环:《长江三角州地区人才开发一体化及其发展趋势研究》,《上海行政学院学报》,2005年第5期,第72~82页。

立法出台了前海合作区条例、前海管理局暂行办法，实行市场化运作、企业化管理，成立"前海人才服务中心"，设立人才服务窗口，为企业和人才提供"一站式"服务；南沙则成立科技创新中心、南沙生产力促进中心、南沙资讯科技园管理服务中心，开展高层次人才培训、企业成果交流转化和项目合作，为吸引而来的海内外人才提供政策、科技、人才等方面的综合性服务。

成渝地区双城经济圈可以充分借鉴长三角城市群以及粤港澳大湾区城市群的先行先试经验，在人才协同培育层面树立人才战略观，充分消除影响要素便利流动的制度性障碍，打破行政地域壁垒，畅通人流、物流、资金流和信息流，并在此基础上进一步推动实现与国际接轨的深度开放，更好地培养、吸引和使用人才，形成具有竞争力的人才制度优势。

二、世界发达国家人才协同培育发展实践

（一）世界发达国家人才协同培育主要措施

1. 旧金山湾区城市群

旧金山湾区城市群位于美国加利福尼亚州北部西海岸，占地1.8万平方公里，人口超过760万人，主要由旧金山、奥克兰、圣何塞三大城市构成，经过多年的发展，旧金山湾区城市群在高新技术产业、金融服务业、文化产业和旅游业等方面取得了显著成效。旧金山湾区城市群集聚了多家世界500强企业，如苹果、谷歌、英特尔、超微、惠普、赛灵思等，城市群内拥有硅谷和多所著名的学府，也为企业的发展输送了大批人才。[①] 旧金山湾区城市群大力发展法律和金融业；奥克兰政府则利用制造业优势，引进硅谷企业发展高技术产业，加快经济复苏。除此之外，硅谷拥有苹果、谷歌、雅虎、易贝等全球闻名的企业，斯坦福大学、加州大学伯克利分校等知名学府成为硅谷的人才孵化器，为硅谷培养了大量的科技人才。同时，由于硅谷的辐射作用，整个旧金山湾区城市群的经济飞速发展。

2. 东京湾区城市群

21世纪的东京湾区城市群既有首都功能，又有得天独厚的临海优势。特

---

① 林贡钦、徐广林：《国外著名湾区发展经验及对我国的启示》，《深圳大学学报（人文社会科学版）》，2017年第5期，第25～31页。

别是 20 世纪 60 年代日本新干线的贯通，不仅实现了东京与其他城市的无缝对接，更加速了人口的大量聚集，促进了服务业和知识经济的兴起。东京湾区城市群位于日本关东平原南部，毗邻太平洋，主要分布在房总半岛和三浦半岛，分布着东京、横滨、川崎、千叶等港口城市。东京湾区城市群开发始于 17 世纪的江户时代，德川家康的填海造地运动为东京湾区周边城市拓展空间提供了可能性，东京也因此成为日本最大的物流中心。东京湾区城市群内分布着佳能、索尼等大型企业，以及横滨国立大学、庆应大学等著名学府，并建立了专门的产、学、研协作平台，实现育才、用才一体化。同时国家经费支出更多向大学和科研单位倾斜，努力提升第三产业的比例，以此提高城市群的竞争力和区域生产力水平。更为重要的是，东京湾区城市群为实现统一规划，在法律层面为城市群的开发建设提供了坚实的保障。该城市群的统一规划最早可以追溯至 1956 年日本国会制定的《首都圈整备法》，类似的专门性、补充性法律还有 1958 年的《首都圈市街地开发区域整备法》、1959 年的《首都圈建成区限制工业等的相关法律》、1966 年的《首都圈近郊绿地保护法》以及 1986 年的《多极分散型国土形成促进法》等。同时，日本还分别在 1960 年、2006 年、2011 年和 2014 年推出了《东京规划 1960——东京结构改革的方案》《10 年后的东京——东京将改变》《2020 年的东京——跨越大震灾，引导日本的再生》以及《创造未来——东京都长期愿景》等专项城市群规划。[①] 正是通过一系列具有延续性、可调整的统一规划，东京湾区城市群得以构建城市群法律保障体系，实现城市群经济的深度融合。

（二）世界发达国家人才协同培育主要特色

虽然旧金山湾区城市群、东京湾区城市群两大国际一流城市群的核心定位和人才培育模式各不相同，但是也表现出了一些共同的特征，主要包括：区域人才培育协同化，产业体系布局合理；人力资源流动自由化，实现资源优化配置；人才生态环境包容化，对外开放程度高。

1. 区域人才培育高度协同化

无论是东京湾区城市群，还是旧金山湾区城市群，其核心城市和外围城市之间都形成了高度协同化的人才培育模式，构成了人才集聚、人才培育、人才

---

① 林贡钦、徐广林：《国外著名湾区发展经验及对我国的启示》，《深圳大学学报（人文社会科学版）》，2017 年第 5 期，第 25～31 页。

使用的上游与下游环节，就近布局、紧密衔接，最大限度地提升人才协同培育的效率。值得注意的是，国际城市群的核心区往往都是高端产业的集聚区，如旧金山湾区城市群的核心地带——硅谷是高科技企业、科研院所和高等院校高度集群的区域，以高端产业为中心的产业布局带来局部的"雁阵演化"，即通过发轫于核心城市的科技创新效应，产生显著的圈层扩散效应，促进产业结构的转型升级和竞争优势的更替演化，使得竞争优势从核心功能区向外围协同区传递，确保了整体城市群的经济稳定发展，也避免了城市之间的竞争优势出现"青黄不接"的问题。

2. 人才资源流动高度自由化

人才资源流动自由化是国际城市群的另一个显著特征，具体表现为人才和资金在各个城市之间的快速流动。受益于高度一体化的基础设施建设和市场机制建设，国际城市群内部各城市间的行政壁垒相对较低，阻碍人才自由流动的各种显性壁垒和隐性壁垒也得到了削弱和消除，市场调节的"无形之手"取代政府干预的"有形之手"成为城市群经济发展的主要推动力。[①] 正因如此，技术、人才、资本等生产要素得以在各个城市间实现自由流动，从而达到最优的配置状态，提高了人力资源配置效率，收获了更为可观的产出与回报。与此同时，相对更高的回报率也进一步吸引了更多高质量人才资源向城市群集聚，为城市群保持国际竞争力提供了强有力的支撑。

3. 人才生态环境高度包容化

国际城市群之所以能够产生显著的人才外溢效应和人才集聚效应，在很大程度上得益于其高度包容化的人才生态环境。人才生态环境的包容化主要体现在三个方面：一是制度环境较为宽松，城市高度重视人才政策，积极吸引优秀人才流入；二是创新创业氛围浓厚，鼓励创新、容忍失败的创业理念占据主流；三是人才服务措施完善，注重推动城市的硬件设施和人才政策进一步完备，人才服务措施进一步完善。[②] 开放包容的人才生态环境一方面吸引了世界五百强企业和机构的进驻，充分发挥了大企业的规模效应和示范效应；另一方面也吸引了众多的人才投身于城市群建设，充分调动了中小企业和创新创业人

---

① 申明浩、杨永聪：《国际湾区实践对粤港澳大湾区建设的启示》，《发展改革理论与实践》，2017年第7期，第9页～13页。
② 申明浩、杨永聪：《国际湾区实践对粤港澳大湾区建设的启示》，《发展改革理论与实践》，2017年第7期，第9页～13页。

才的积极性，为城市群的发展注入了更多的新鲜活力。

发展之道，重在得人。进入新时代，肩负高质量发展重要增长极的成渝地区双城经济圈，愈发需要高质量人才的鼎力支撑，从国际发达城市群的发展中汲取经验，同时结合成渝地区实际人才发展状况与人才需求，推出更完善、更符合实际、更具成渝特色的人才协同培育发展模式，以此为发展以人才为主的双向良性循环圈提供坚实的支撑。

三、成渝地区双城经济圈人才协同培育的重要启示

自 2020 年 1 月 3 日以来，中共中央、成渝地区陆续出台了一系列支持成渝地区双城经济圈建设的政策。2020 年 6 月 12 日，重庆市委编办批复重庆市综合经济研究院增设重庆市推动成渝地区双城经济圈建设研究中心；2020 年 7 月 10 日，中共四川省第十一届委员会第七次全体会议审议通过《中共四川省委关于深入贯彻习近平总书记重要讲话精神、加快推动成渝地区双城经济圈建设的决定》；2020 年 10 月 30 日，四川、重庆两省市政府办公厅联合印发《川渝通办事项清单（第一批）》，要求 95 个高频政府服务事项年底前实现线上"全网通办"、线下"异地可办"；2021 年 1 月 4 日，四川、重庆两省市政府办公厅印发《推动成渝地区双城经济圈建设重点规划编制工作方案》和《成渝地区双城经济圈便捷生活行动方案》；2021 年 1 月 13 日，最高人民法院出台《关于为成渝地区双城经济圈提供司法服务和保障的意见》；2021 年 2 月，《国家综合立体交通网规划纲要》明确将京津冀、长三角、粤港澳大湾区和成渝地区双城经济圈四"极"列为国际性综合交通枢纽集群。[①] 作为西部高质量发展的重要增长极，成渝地区双城经济圈建设迫切需要建立人才协同培育机制。有鉴于此，我们可以在借鉴国内外发达城市群的人才培育经验基础上，根据成渝地区双城经济圈建设的特点和需要，探索出一条适合成渝地区双城经济圈人才协同培育的发展之道。

（一）积极发挥政府调控导向作用

现阶段，成渝地区已基本建立起以市场为主导的人才资源流动机制，各类英才计划层出不穷。随着新一轮科技革命带来的新技术、新产业、新模式、新业态的兴起及国内外形势变化和不确定因素的冲击，当前经济发展的可预测性和稳定性下降，人才需求变化速度加快，流动趋势更加明显。与新形势新要求

---

① 倪训强：《推动成渝地区双城经济圈建设大事记》，《重庆日报》，2021 年 10 月 21 日第 8 版。

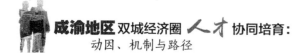

相比，成渝地区的人才市场体系不健全、人才要素流动不顺畅、人才资源配置不平衡不充分等问题依然存在。为此，成渝地区双城经济圈必须在充分发挥市场对人才资源配置起决定性作用的基础上，加快转变政府人才流动管理和服务方式，创新完善政府人才流动宏观调控机制，更好发挥政府在人才协同培育中的战略导向与宏观调控作用，不断促进人才流动配置与成渝地区双城经济圈。

1. 简政放权，强化人才流动宏观管理

深化体制机制改革，是构筑人才发展优势、赢得国际竞争主动权的战略之举。在借鉴国内外发达城市群人才发展经验的基础上，成渝地区政府需要把转变政府职能、深化行政体制改革、进一步简政放权放在重要位置，明确保障和落实用人主体自主权，转变政府人才管理职能，通过建立管理服务权力清单和责任清单来消除对用人主体的过度干预，重点保障用人主体人事管理、人才评价和经费使用三项权力。同时，为推进人才协同培育机制的建立，成渝地区政府也需健全以人才发展规划为战略导向，以人才引进、人才交流、人才服务等人才流动管理政策协同发力的人才流动宏观调控制度体系。充分发挥用人主体在人才培养、吸引和使用中的主导作用，全面落实国有企业、高校、科研院所等企事业单位和社会组织的用人自主权。[①] 简政放权能够在把握政府调控导向作用的同时，最大限度地减少政府对人才资源的直接配置和人才流动的直接干预。

2. "放管"结合，提高人才流动管理精度

深入推动人才培育"放管"改革，即"放"要放得更全面、"管"要管得更有效。若要突出"放"字，成渝地区政府需把人才引入、培育、评价的权力下放给市场，从政府主导到市场主导，突出市场需求在引才、育才过程中的作用，针对成渝地区产业创新人才队伍的短板，引进真正需要的人才。此外，在"管"方面，简政不是"减政"，放权不是"放弃"，该管的工作依然要管。将科研经费、科技成果转化等众多权限下放到高校和科研单位，但对于某些单位存在的责任担当意识不足，对下放的权力不愿接、不敢接的行为，政府应立法明确单位的管理责任，采取相应的监督问责措施。如此才能让人才切实获得成果收益，激活人才的创新活力，使成果分配红利落到市场，做到简政不"减

---

① 《中共中央印发〈意见〉 深化人才发展体制机制改革》，《人民日报》，2016年3月22日 第1版。

政"，放权不"放任"，将事前审批转换成事后监管，从制度上加强人才流动保障措施和问责机制。

3. 优化服务，推进人才流动管理规范化

两地政府应以一流的人才生态环境建设推进人才流动管理标准化、规范化、科学化。在当前全国各地人才竞争异常激烈、人才流动加速的大背景下，想要聚天下英才而用之，便需要两地政府进一步优化人才发展环境，创新人才服务理念，努力构建集聚人才的强磁场。为此，成渝地区要营造自由、公平的人才流动市场环境，加强高层次人才平台载体建设和完善配套人才服务，大力开展各类人才引进、交流工作，努力栽好吸引人才来栖的"梧桐树"。同时，可通过改革人才流动管理业务流程，借助"互联网＋"模式为人才提供标准服务，减少人才流动审批要件、审批流程和办理时限，为人才流动业务办理提速。除此之外，在人才户口申办、家属随迁、子女就学等方面要为人才广开绿灯，努力打造"一站式"服务平台，在促进人才协同培育过程中增加人才的归属感，激发其进行科技创新的积极性。

（二）因地制宜实施人才政策

人才因事业而聚，事业因人才而兴。将成渝地区双城经济圈打造成内陆改革开放高地、唱好"双城记"，需要成渝地区处理好中心和区域的关系，着力提升重庆主城和成都的发展能级和综合竞争力，推动城市发展由外延扩张向内涵提升转变，以点带面、均衡发展，并同周边市县形成一体化发展。为此，成渝地区应将宏观形态的事业吸引力转化为微观层面的人才聚合力，在此点上最为重要的便是落实地方人才政策。

1. 以精准的人才政策创造成渝地区人才优势

人才政策越精准，越容易形成人才优势，也越能转化为发展优势。而精准的人才政策，则需要成渝地区充分考虑人才的多样化需求。在马斯洛需求理论中，人的需求从低到高依次分为生理需求、安全需求、社交需求、尊重需求和自我实现需求。同样地，不同类型的人才在不同阶段会有不同的关注和需求，因此，这就迫切需要成渝地区在吸引人才、培育人才的过程中，积极主动地回应人才关切、满足人才当下需求。人才政策只有落在影响人才生活和工作的关键痛点、关注热点、需求焦点上，才能够在人才协同培育方面取得事半功倍的效果。

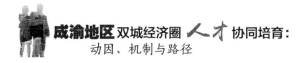

2. 以精准的人才政策契合成渝地区产业发展需要

成渝地区产业发展是吸引人才为我所用的落脚点，也是人才实现自身价值的着力点。城市发展是产业集聚和人才集聚的过程，缺少人才，产业发展就会乏力；缺乏产业，人才将无用武之地。[1] 只有因地制宜形成精准的人才政策，才能够在产业和人才之间建立起纽带，把人才协同培育嵌入成渝地区双城经济圈的产业发展蓝图。这既能为人才发挥才干提供舞台，也能打造有利于新产业快速成长的良好营商环境。事实上，只有契合成渝地区产业发展需要的人才政策，才能真正留住人才、壮大产业，这是制定因地制宜的人才政策的重要工作。

3. 以精准的人才政策加快人才协同培育制度和政策创新

创新带来差异，差异孕育优势。一个地方的人才政策制定水平，反映着当地社会的开放程度和当地政府的治理能力，同时深刻影响着一地的改革发展。人才制度和政策创新是成渝地区的一项重要治理课题，对人才资源的战略意义认识不足、人才需求调查研究不深、人才政策执行力不强等，都会影响人才政策的精准度和实效性。因此，成渝地区政府只有在牢固树立尊重知识、尊重人才观念的基础上，通过树立长远眼光，增强责任意识，破除恩惠观念、本位主义等措施，切实加快人才制度和政策创新，落实因地制宜的人才政策，才能以人才政策的杠杆撬动社会发展的活力，让人才真正获得归属感和作为感。

成渝地区双城经济圈在建立人才协同培育机制的过程中，要精准、因地制宜、集约式引才，而不是盲目、非针对性粗放式引才，主动做到以个性化的"滴灌"模式培育成渝地区双城经济圈真正需要的人才。在坚持政府调控导向的路径上解决好政策供给与人才需要对口、人才结构与产业发展对口的两个重要问题，如此才能真正抓住人才政策的"准星"。

（三）坚持以创新驱动为核心

党的十八大以来，党中央高度重视创新，把创新作为五大发展理念之首，把创新摆在国家发展全局的核心位置，把创新推向全球治理和"一带一路"倡议。围绕实施创新驱动发展战略、加快推进以科技创新为核心的全面创新，习近平总书记提出创新是民族进步的灵魂、创新是长远发展的动力、创新是从

---

[1] 李豪杰：《人才政策的"精"和"准"》，《海南日报》，2019 年 11 月 14 日第 4 版。

根本上打开增长之锁的钥匙、抓创新就是抓发展、科技创新是"牛鼻子"、人才是创新的根本等一系列经典论断。2021 年 3 月，习近平总书记在《求是》杂志上发表《努力成为世界主要科学中心和创新高地》的重要文章，提出了营造良好创新环境的重要命题："创新之道，唯在得人。得人之要，必广其途以储之。要营造良好创新环境，加快形成有利于人才成长的培养机制、有利于人尽其才的使用机制、有利于竞相成长各展其能的激励机制、有利于各类人才脱颖而出的竞争机制，培植好人才成长的沃土，让人才根系更加发达，一茬接一茬茁壮成长。"① 于成渝地区双城经济圈而言，要建立人才协同培育机制，前提是要营造以创新驱动为核心的人才培育环境，为集聚天下创新英才构建优越的人才体制机制。唱好"双城记"的重要任务是最大限度地提高创新效能，激发创新活力，成渝地区政府需要高度重视创新这一核心要点，积极动员全社会的力量营造良好的创新环境，以加快建设协同创新的新格局为引领、以深入实施创新驱动发展战略为核心、以推动建设自主创新示范区为契机，将营商环境提升为营创环境，为成渝地区双城经济圈建设提供稳定的创新保障。

1. 以加快建设协同创新的新格局为引领

在全国科技创新大会、中国科学院第十八次院士大会和中国工程院第十三次院士大会、中国科学技术协会第九次全国代表大会上，习近平总书记指出，"成为世界科技强国，成为世界主要科学中心和创新高地，必须拥有一批世界一流科研机构、研究型大学、创新型企业，能够持续涌现一批重大原创性科学成果"。"要优化科研院所和研究型大学科研布局，厚实学科基础，培育新兴交叉学科生长点。要尊重科技创新的区域集聚规律，建设若干具有强大带动力的创新型城市和区域创新中心。"② 由此使各类科研机构、大学、企业研发机构形成互补、良性互动的协同创新格局。放眼成渝地区双城经济圈建设，成渝地区政府需要善于抓机遇，大力引进和建设国家实验室等重大创新平台，集聚创新资源为成渝地区所用。而建设协同创新的新格局，归根到底靠人才。2020年以来四川、重庆科技部门携手合作，联合组建协同创新专项工作组，建立联席会议制度，共同签订两地科技合作"1＋3"协议，制定了推进实施的 4 个方面及 16 项协同创新工作清单，联合向科技部报送川渝两地科技部门共同争取

---

① 习近平：《努力成为世界主要科学中心和创新高地》，《求是》，2021 年第 6 期，第 4~11 页。

② 新华社：《全国科技创新大会两院院士大会中国科协九大在京召开》，《光明日报》，2016 年 5 月 31 日第 1 版。

国家支持的 6 个方面及 30 项重大事项清单；同时聚焦人工智能、大健康两个重点领域，联合实施重点研发项目，科技专家库交换共享第一批 8000 余名专家信息，成立总规模 50 亿元的成渝地区双城经济圈科创母基金，首期 10 亿元重点投资生物医药、人工智能、集成电路、智能制造等领域的科创企业；成渝地区 23 个市区县、28 所高校、11 个高新区（园区）及 7 家企业联合发起成立"成渝地区双城经济圈创新创业联盟"。① 在上述措施的开展下，成渝地区不仅能在电子信息、光电显示等优势创新领域、特色产业中实现互补、共同发力，还在大科学装置等重大科技基础设施领域实现共建共享，最后在国际科技合作领域也能够围绕成渝地区双城经济圈建设及"两中心两地"的定位抱团发力。此外，目前在"一核四区"西部（成都）科学城内，一大批高能级创新平台正加快建设，四川省科学技术厅与重庆市科学技术局也已签署《川渝科技资源共享合作协议》，将进一步深化、细化各自的科技创新合作，并以项目化、工程化方式，持续有效强化成渝地区协同创新能力，释放人才创新动能。

2. 以深入实施创新驱动发展战略为核心

创新是第一动力，抓创新就是抓发展，谋创新就是谋未来。坚定创新自信，需要在夯实科技基础、提升原创能力上下功夫。同发达国家城市群的创新能力相比，成渝地区双城经济圈建设还面临着科技及人才的创新瓶颈，关键领域、核心技术受制于人的局面没有从根本上改变，科技基础仍然薄弱，在科技创新能力特别是原创能力方面与发达国家城市群相比还有很大差距。因此，要坚定以创新驱动发展战略为核心，在独创独有上下功夫，力争在重要科技领域实现跨越发展，跟上甚至引领科技发展新方向，掌握区域竞争的战略主动权。为此，在深入实施创新驱动发展战略方面，成渝地区不仅要充分发挥科技创新在经济社会发展中的支撑引领作用，明确科技创新为主攻方向和突破口，不断提升产业发展水平，推进创新人才主体培育和创新平台建设，更要遵循当前经济发展的客观实际情况，坚持问题导向，支持科技型企业落地成长，进一步做大做强。这就要求在创新主体——人才方面，首先需要营造良好的创新发展环境，不断强化人才支撑，抓好高层次人才队伍建设，对接创新发展需求，建立依据产业需求的靶向人才培养体制；其次要重点推进在轨道交通、航空航天、生物医药、信息安全、核动力、新型显示技术、中医药现代化等领域的原始创

---

① 盛利雍黎：《成渝两地协同创新如何"破题"——专家热议〈成渝地区双城经济圈建设规划纲要〉》，《科技日报》，2020 年 10 月 19 日第 3 版。

新，努力掌握一批关键技术，加快实现从"0"到"1"的飞跃，抢占科技和产业发展制高点；再次要组建更多高层次创新人才进入新型技术研究院和产业技术创新联盟，充分发挥龙头企业的主导地位和引领作用，深度开展集成创新，加快实现从"1"到"N"的发展；最后要紧密结合国家"一带一路"倡议和西部大开发战略，扩大招揽人才范围，深入推进与国际先进城市和园区的创新合作，积极参与国际科技研发分工合作，通过"走出去"实现"引进来"。①

3. 以加快建设国家自主创新示范区为契机

现代创新尤其是重大科技创新，越来越依靠团队的力量、各创新要素的集成、创新平台的打造和创新体系的完善。旧金山以及京津冀、长三角等发达城市群的崛起，使人们越来越认识到区域创新平台和创新体系的重要作用，深入学习如何把构建区域创新主体要素（企业、大学、科研机构、中介服务机构和地方政府）、功能要素（制度创新、技术创新、管理创新和服务创新）、环境要素（体制机制、政府调控、基础设施建设和保障条件）集合的大平台，作为提高区域自主创新能力的重要抓手。② 在此认知基础上，国家自主创新示范区作为区域自主创新能力提升的重大平台，是经国务院批准，在推进自主创新和高新技术产业发展方面先行先试、探索经验、作出示范的区域，国务院有关部门将在重大项目安排、政策先行先试、体制机制创新等方面予以积极支持。早在2015年和2016年7月，国务院便分别批复同意成都高新区建设国家自主创新示范区、重庆依托两江新区核心区与高新区建设国家自主创新示范区。以完善区域创新体系为重点，加快打造区域创新大平台，分别出台了《关于加快建设成都国家自主创新示范区的实施意见（2016—2025年）》《重庆两江新区国家自主创新示范区建设实施方案》，明确提出要以高标准、高质量着力推进国家自主创新示范区建设，带动形成全域创新发展的格局。成渝地区双城经济圈的人才协同培育机制便可在此基础上，针对国家自主创新示范区的人才需求采取设立专项资金、建立众创空间等形式，加强高端人才及团队引进，建立健全成渝地区高等院校、科研院所与企业的人才双向流动机制，鼓励科研人员在职离岗创业，建立科技人员利益激励、权益分配机制，支持建立有利于吸引国际高

---

① 钟文：《深入实施创新驱动发展战略 加快建成国家创新型城市》，《成都日报》，2016年8月10日第2版。

② 郭占恒：《创新：浙江发展的灵魂和动力》，《浙江经济》，2017年第22期，第12~15页。

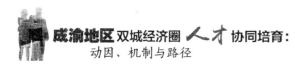

端人才的绿卡制度①，以此加强人才培育力度，开启成渝地区双城经济圈自主创新人才协同培育大平台的建设路程。

在全球开放的背景下，成渝地区双城经济圈作为西部地区经济发展的重要战略支点，是实践新时代贴合地区实际的人才制度与措施的现成案例。因此，如何让人才协同培育更好地辅助成渝地区双城经济圈建设是一个急需解决的、具有战略意义的课题。目前，各大城市群在各自国家、地区的经济发展过程中发挥了十分重要的作用，它们完善的区域人才合作体系、区域人才资源配置能力、宜居宜业的区域人才生态环境等为成渝地区双城经济圈人才协同培育提供了可借鉴的经验。未来，成渝地区双城经济圈需要以加快建设协同创新的新格局为引领、以深入实施创新驱动发展战略为核心、以推动建设自主创新示范区为契机，形成各方合力，努力把人才协同培育机制打造成为成渝地区双城经济圈建设的最佳助力，带动区域创新驶入快车道，为践行创新发展理念作出应有贡献。

第三节　成渝地区双城经济圈人才协同培育的全面分析

目前，中国在区域发展上形成了以京津冀协同发展、成渝地区双城经济圈建设、粤港澳大湾区建设、长三角一体化发展、黄河流域生态保护和高质量发展等国家战略为引领的区域协调发展新格局。可见，国家战略已联南接北、承东启西，构建起了优势互补和高质量发展的区域发展格局，以成渝地区为核心的成渝地区双城经济圈建设，将在西部形成高质量发展的重要增长极。在加强成渝地区双城经济圈人才协同培育战略的有效推进和实践过程中，人力资源作为区域发展的第一资源，可以满足成渝地区双城经济圈经济和社会发展的实际需求。且当下成渝地区双城经济圈承担着为国际国内与社会各界输送高层次创新人才的重要使命，因此迫切需要提升对区域内人才协同培育工作的重视程度，在了解人才协同培育概念的基础上，重新厘清区域内人才协同培育的内在逻辑与发展路径，分析其重点、难点，进而创新人才协同培育方法。

---

① 《四川省出台〈关于加快建设成都国家自主创新示范区的实施意见〉》，https://www.sc.gov.cn/10462/10464/10797/2017/3/14/10417168.shtml。

一、高素质人才摇篮：人才协同培育的研究综述

近年来，成渝地区双城经济圈积极开展人才资源合作，区域整体人才竞争优势不断提升，为区域内人才协同培育机制的建立提供了坚强的人才支撑。但是，与京津冀、长三角、珠三角地区的人才一体化程度相比较，成渝区域人才协同培育还存在较大差距，无法满足成渝地区双城经济圈建设的需要。从宏观角度来看，人才协同培育并非一蹴而就的，而是从吸引人才开始，进而实现一步步将雪球滚大的过程。

人才协同培育已被广泛应用于区域发展的各个研究领域中，当前已有研究主要聚焦于人才创新、区域协同、产学研融合等板块，重点探讨协同培育的引导力、驱动力以及协同机制的构建等问题。人才协同培育的研究也引起了众多学者的兴趣，逐渐对区域协同发展、人才培育协同机制、协同创新网络的形成等方面展开深入研究。如陈井安、方茜（2015）针对地方人才政策制约区域协同发展这个问题，在归纳我国人才政策促进区域协同创新的现实路径的基础上，对理论路径进行了探讨，提出"大区域"人才政策协同创新的多元治理模式。[①] 随着区域对外开放程度加大、经济一体化趋势加快，部分区域内人才政策无法对产业发展需求做出快速反应，人才政策改革势在必行。杨艳、郭俊华、余晓燕（2018）对 1995 年以来上海市人才政策进行系统梳理，认为需进一步提高人才政策目标的协同度，加强政策工具间的相互配合，同时整合部门力量，实现孤立型政策向协调型政策的转型。[②] 在高校人才事业方面，人才协同培育也成了研究的一大热点。王迎军（2012）认为协同创新已成为我国高校重要的办学理念和发展战略，需要在构建协同创新机制过程中加快改革人才培养模式，通过协同创新使学校的人才培养、科学研究、社会服务与文化传承形成相互支持、良性互动的局面。[③] 此外，也有学者对区域人才协同发展进行了研究。刘兵、李嫄、许刚（2010）针对开发区所特有的区域经济与人才聚集优势，以大连经济技术开发区为例，揭示开发区人才聚集与区域经济发展协同演

[①] 陈井安、方茜：《区域协同创新视角下的人才政策：模式分析与路径选择》，《理论与改革》，2015 年第 2 期，第 102～105 页。

[②] 杨艳、郭俊华、余晓燕：《政策工具视角下的上海市人才政策协同研究》，《中国科技论坛》，2018 年第 4 期，第 148～156 页。

[③] 王迎军：《以构建协同创新机制为契机 推进人才培养模式改革》，《中国高等教育》，2012 年第 21 期，第 33～36 页。

进的一般规律，进而给出协同发展的实现途径。[①] 周仲高、游霭琼、徐渊（2019）以体制机制创新为动力、要素协同为内核、条件协同为中介、环境协同为保障，构建粤港澳大湾区人才协同发展圈层结构理论模型，并以此为基础提出促进粤港澳大湾区人才协同发展策略。[②]

通过梳理人才协同培育的研究方向，可知区域人才协同培育贯穿于政府、企业、院校等连通机制中，地方区位优势的结合与政府人才政策指导实现了人才协同培育。同时，社会机构的资金、技术方面的支持也使得人才协同培育以更高层次的形式作用于区域发展始终。究其根本，人才协同培育主要是围绕协同理论而成立的。协同理论是由德国科学家赫尔曼·哈肯（Hermann Haken）于 20 世纪 70 年代创立的，主要研究远离平衡态的开放系统在与外界有物质或能量交换的情况下，如何通过自己内部的协同作用，自发地形成时间、空间和功能上的有序结构。该理论描述了各种现象和系统从无序到有序转变的规律。[③] 将协同理论作用于人才协同培育过程，主要通过协同效用、伺服原理、自组织原理三个方面实现人才培育由无序到有序、各自为政走向有效整合的目标。在此转化中，人才协同培育系统内部各要素或子系统在经由相互作用和有机整合后，能够产生"1+1>2"的整体效应或集体效应。换言之，人才协同培育机制中的各要素将通过变量调整、自我组织等手段，使人才协同培育成为有序整合的集体协同机制，并生成新结构与新力量，转而刺激、推进人才协同培育机制的发展。综上所述，人才协同培育围绕协同理论，在强调发挥系统协同效应的同时，也要求内部各要素相互作用、协调搭配人才主体，进而使得人才协同培育机制的整体功能倍增或放大，达到人才协同培育的最佳效用。

区域发展的主要动力是高素质人才不断创新的能力，这对成渝地区提出了一个新要求，即要求从原来的单纯注重用投资来拉动经济的增长，转化为重视利用创新来推动经济发展和转型，而创新归根结底需要依靠高素质人才，因而需要强有力的人才协同培育机制支持。

① 刘兵、李嫄、许刚：《开发区人才聚集与区域经济发展协同机制研究》，《中国软科学》，2010年第 12 期，第 89～96 页。
② 周仲高、游霭琼、徐渊：《粤港澳大湾区人才协同发展的理论构建与推进策略》，《广东社会科学》，2019 年第 6 期，第 91～101 页。
③ 白列湖：《协同论与管理协同理论》，《甘肃社会科学》，2007 年第 5 期，第 228～230 页。

二、高层次人才导向：人才协同培育的内在逻辑

人力资源作为区域发展的重要资源，对推进成渝地区双城经济圈发展至关重要。2021 年 10 月 20 日，中共中央、国务院印发的《成渝地区双城经济圈建设规划纲要》提出，到 2025 年，将成渝地区双城经济圈建设成为"经济实力、发展活力、国际影响力大幅提升，一体化发展水平明显提高，区域特色进一步彰显，支撑全国高质量发展的作用显著增强"[①] 的城市群。长期发展目标进一步凸显了成渝地区双城经济圈在建设过程中对高层次人才的需求。毕竟，高层次人才不仅是区域内推动科技发展的重要力量，也是中国参与国际竞争、构筑新优势的主要力量。当前，成渝地区双城经济圈规划内各城市虽然在地理位置上紧密相连，但由于城市发展定位、经济发展基础水平和条件、行政区划、政策保障等方面的差异，区域间人才发展及结构均处于不平衡的状态。为契合成渝地区双城经济圈人才协同培育的目标与高层次的人才导向，首先便应基于"强主导、重定位、深优化、力创新"的路径，运用政策工具，在推进成渝地区双城经济圈建设的同时实现价值理性、制度理性和工具理性的自洽与耦合，于科技创新中进行人才协同培育的适应性策略调整[②]，以此打造人才高地，造就高层次人才队伍，为下一步人才协同培育机制的建立打好基础。

（一）强主导：坚持人才规划和政策机制的有机统一

发展是第一要务，人才是第一资源。党的十九大报告强调，要坚持党管人才原则，聚天下英才而用之，加快建设人才强国，实行更积极、更开放、更有效的人才政策，让各类人才的创造活力竞相迸发。坚持党管人才原则在实践中主要是管宏观、管政策、管协调、管服务，既包括规划人才发展战略，制定并落实人才发展重大政策；也包括协调各方力量，形成共同推动人才工作的整体合力。成渝地区双城经济圈内各级政府应在国家政策背景下切实落实人才政策，增强人才规划的针对性和可操作性，实现人力资源在区域建设中的基础性作用。

---

① 《中共中央　国务院印发〈成渝地区双城经济圈建设规划纲要〉》，http://www.gov.cn/gongbao/content/2021/content_5649727.htm。

② 刘亚娜、董琦圆、谭晓婷：《京津冀协同发展背景下人才政策评估与反思——基于 2013—2018 年政策文本分析》，《天津行政学院学报》，2019 年第 5 期，第 47~58 页。

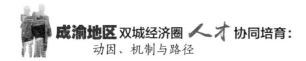

（二）重定位：坚持顶层设计与实际需求的有机统一

一方面，区域内各级政府需完善区域内部人才政策的顶层设计。《成渝地区双城经济圈建设规划纲要》提出要营造鼓励创新的人才政策环境：实施有吸引力的人才政策，引进和培养高水平创新人才队伍，鼓励科技人才在区域内自主流动、择业创业；支持在人才评价、外籍人才引进等政策创新方面先行先试；鼓励成渝地区大学面向全球招生，引进优秀博士后和青年学者；支持引进国内外顶尖高校和科研机构在成渝地区合作建设研究院和研发中心，设立长期、灵活、有吸引力的科研岗位。[1] 除此之外，国家也为积极推进成渝地区双城经济圈发展制定了一系列政策，如研究制定金融支持成渝地区双城经济圈发展的有关举措等。另一方面，区域内各地也需结合自身需求，明确城市发展定位，聚焦人才培育工作重点。人才培育与城市的功能定位息息相关，良好的政策又是推动人才培育的重要因素。作为西部经济、科技创新的重点区域，四川与重庆都具有明显的资源优势，因此能够在以多种方式引进、培养、使用人才的同时，加强辐射和带动能力，帮扶其他周边地区的发展。例如，四川丰富的产业资源条件较集中在地震科技及农村人才等方面，可以有效利用此优势，实现周边地方的人才开发；重庆则具有较好的现代制造业基础，在扩大市场的需求下带动周边更多地方的发展。当然，在成渝地区双城经济圈进一步加强顶层设计的同时，还需利用政策优势，广泛吸引人才，共同加强实施人才引进、流动、评价、激励、合作等机制的统筹化改革。

（三）深优化：坚持政策协同与全流程人才管理的有机统一

首先，成渝地区应不断打破区域行政壁垒与属地化管理的桎梏和障碍，加强政策创新，构建起人才发展的治理体系。以成渝地区双城经济圈建设为人才发展引擎，加强成渝地区联系、沟通与合作，整合人才合力，用协同环境凝聚人才、用机制激励人才、用法制保障人才。同时为增强政策开放度，可以逐渐探索并增加区域间政府的联合发文，增强政策间的协同性及政策效力。其次，人才协同培育包括选、育、用、管等多个环节，需要完善相关跟踪落实机制，加强人才管制与激励。当前成渝地区的人才虹吸效应与人才辐射效应还不均衡，人才流动也具有显著的地域性特点。而成渝地区双城经济圈建设，能带动一定范围内的人才向该地区主要城市及周边区县流动。最后，以成渝地区双城

---

① 《成渝地区双城经济圈建设规划纲要》，2021年。

经济圈建设为契机，在人才管理方面尽快建立起"引得来、留得住、用得妥、流得顺、管得好、出得去、绩效优"的人才全流程管理模式和共享机制，促进人才效益的充分发挥。

（四）力创新：坚持人才培育专业化、专门化与技术化的有机统一

一方面，成渝地区双城经济圈应探索建立人才协同培育机制。实行联席制度，使得以成都、重庆主城区为中心的成渝地区能够共商制定区域人才政策，并建立日常联席机制，切实推进协同发展；创新管理方式，以才引才、以才荐才、以才育才，制定不同层次的人才评定、培养、选拔、考核、激励、服务等环节，加强人才流动及其合理化开发利用；积极总结其他城市群人才培育的经验，在一定的政策和空间合理范围内，建设多层次、多类型、专业化的人才特区；坚持完善政策、优化环境，创新引才引智策略与人才管理、人才服务措施，解决人才总量不足、高层次人才欠缺、人才结构分布不合理等问题。另一方面，成渝地区双城经济圈也需要通过互联网和大数据等信息技术来打造面向全域的人才资源信息平台。通过搜集整理区域人才信息、整合区域的人才需求来统筹人才规划，构建与社会、经济发展相适应的人才供给框架，实现合理流动、使用与培养的人才高地。

实际上，自 1997 年重庆成为直辖市之后，成渝合作程度不够甚至竞争大于合作的现象客观存在，但是在成渝地区双城经济圈的国家战略层面，在"强主导、重定位、深优化、力创新"的路径规划上，成渝地区务必能做到规划一体布局，构建起真正的人才高地。

三、适应性策略调整：人才协同培育的发展路径

当前仅有的研究虽然关注到成渝地区双城经济圈人才协同培育的问题，但依旧局限于人才管理问题本身，没有突破到人才管理的环节之外，更没有充分考虑到人才要素、人才培育了系统与区域发展大系统之间的相互关系。因此，本书基于协同理论，探索性构建成渝地区双城经济圈人才协同培育的机制与框架，深入分析研究过程中面临的重点、难点，进而提出解决之道。

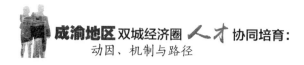

（一）研究重点、难点、拟解决的关键问题

1. 研究重点

第一，对成渝地区双城经济圈人才协同培育的当前进展情况进行研究，对区域内各地人才政策及人才管理、人才评价等机制深入剖析，同时搜集整合国际国内发达城市群的人才协同培育现状，总结关于推进区域人才协同培育机制建立的实践经验，并分析区域内各主体对人才协同培育的支撑作用，了解目前成渝地区双城经济圈在建立人才协同培育机制过程中出现的问题及原因。

第二，构建成渝地区双城经济圈人才协同培育机制的发展路径。从思想、政策、机制、问题、路径五个维度将人才协同培育与人才培育思想、协同理念、人才政策、人才服务等紧密结合起来，提出针对成渝地区的人才协同培育机制的优化路径。

2. 研究难点

第一，在揭示协同理论和人才协同培育的内在关联基础上，构建成渝地区双城经济圈人才协同培育机制的模型与框架。通过分析二者之间内在的理论、实践关联，在理论框架的基础上，探究以人才协同培育机制引领成渝地区双城经济圈建设的必要性和重要价值。

第二，从成渝地区人才协同培育的总体思路和人才成长规律出发，以推进成渝地区双城经济圈建设为总体目标，分析人才协同培育机制的内部要素与模型搭建、作用机理等，提出相关对策建议。

3. 拟解决的关键问题

本书拟解决的关键问题有三点：

第一，对协同理论与人才协同培育机制的内在关联进行研究。分析人才协同培育机制对成渝地区双城经济圈培育高层次创新人才的必要性、主要价值和功能，进而探索区域人才协同培育机制与成渝地区双城经济圈建设的内在关联，界定人才协同培育的概念、内在逻辑与发展现状。

第二，通过整合国际国内发达城市群人才协同培育的相关研究，结合人才成长规律，客观把握当前成渝地区双城经济圈人才协同培育的现状、经验和问题，探讨建立人才协同培育机制的模型框架。

第三，探讨成渝地区双城经济圈人才协同培育机制的运行路径，以期为区域内的人才培育提供理论指导和参照，促进区域人才协同培育工作的开展与成渝地区双城经济圈的建设。

当然，在新的历史条件下，成渝地区双城经济圈在建立人才协同培育机制的道路上还面临着一系列突出问题，采取有力措施解决这些问题，对成渝地区双城经济圈的建设与发展有着重要意义。因此，成渝地区双城经济圈需要秉持"过去是一家人"的先天优势和"利益主体少"的现实优势，在构建起人才协同培育高地过程中，进一步树立人才谋划全局观念的一盘棋思想，齐心协力共建人才协同培育机制。具体来说，即统筹谋划区域人才协同培育、整合区域人才优势资源、建设区域人才大市场等。

（二）确立统筹协调的区域人才发展布局

1. 研究制定区域性人才协同培育规划

为了更好地服务于成渝地区双城经济圈建设，发挥人才对成渝地区发展的引领带动作用，研究制定区域性人才协同培育规划已势在必行。通过区域人才协同培育规划，从国家战略高度统筹区域人才发展，明确人才协同培育的总体目标和方向，确立以成渝为中心的区域人才发展重点领域，加强区域人才发展的分工协作。

2. 加快建立区域人才合作协调机构

在制定区域性人才协同培育规划的基础上，加快建立区域人才合作协调机构势在必行。首先成渝地区相关部门可联合成立成渝地区双城经济圈人才工作协会，负责协商决定人才发展重大问题、组织实施人才发展重大项目、监督人才合作项目执行情况、评估人才工作质量和效果；其次是建立区域人才协同培育工作联席会，定期交流人才协同培育工作的进展情况，研究部署区域人才合作事宜；最后是建立区域人才工作信息互通制度，定期编辑《成渝地区双城经济圈人才发展简报》，向社会公众通报人才工作的最新政策、重要举措、重大活动等相关信息。

（三）建立优势互补的区域人才资源开发模式

1. 合作建设人才发展载体和平台

一是建立开发区（园区）人才合作联盟，推进成渝地区开发区（园区）间

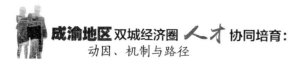
的项目合作与对接，在此基础上进一步建立常态化的人才合作交流机制，加速形成成渝地区互通互联的人才集群网络；二是定期举办成渝项目合作洽谈会等产业会议，联合两地产业相关部门，每年定期举办大型项目推介会、洽谈会，为人才合作搭建平台；三是研究制定面向成渝地区合作项目的特殊优惠政策，符合区域内总体发展要求的合作项目，在资金、税收、用地等方面给予一定的支持和鼓励，引导人才资源在区域内实现优化配置。

2. 合作开发重点领域人才资源

一是建设"成渝人才合作培养基地"，共同建设一批相互开放的大学毕业生实习基地、技能人才实训基地、党政人才培训基地，实现两地优质教育培训资源的共享；二是加大"成渝人才行计划"的实施力度，每年分别选派一定数量在科技、教育、卫生等领域的优秀人才到相关部门进行锻炼，加强区域内重点领域的人才交流；三是建立高端人才智慧联盟，加强两地高层次人才的交流合作，发挥高层次人才在知识创新、成果转化、产业培育、政策咨询等方面的作用；四是建立中青年党政干部异地互派制度，采用挂职锻炼、交流学习、项目课题共同研究等多种形式，加强党政人才的交流培养；五是启动"成渝高校人才交流计划"，支持高校教师从事跨区域的咨询、讲学活动，鼓励高校科研人员跨区域的科研合作、科研成果异地转化，以及推荐高校博士研究生、硕士研究生的异地交流。①

3. 合作共引海外高层次人才

一是共享海外人才联络站，通过共建共享海外人才联络站或工作站，搭建起海外引才引智的合作平台，降低海外高层次人才引进工作成本；二是举办"成渝国际人才交流洽谈会"，通过联合举办国内一流水平、具有国际影响力的高层次人才交流会，共同打造成渝引进高端人才的整体品牌形象；三是联合地区各部门组团赴海外招聘，邀请海外高层次人才到成渝地区进行考察，组织海外高层次人才和用人单位进行对接交流；四是共享海外高层次人才信息资源，加快推进成渝地区海外高层次人才信息库的对接共享。

---

① 马宁、饶小龙、王选华等：《合作与共赢：京津冀区域人才一体化问题研究》，《中国人力资源开发》，2011年第10期，第72~77页。

（四）完善政策互通的区域人才公共服务体系

1. 合作推进区域人才大市场建设

一是建立人才资源信息共享平台，开拓两地人才信息交流渠道，开通成渝网上人才一体化市场，联合发布区域人才供求信息，实现人才信息资源共享；二是联合举办人才招聘会，搭建成渝地区统一的社会形象、品牌形象，组织各地用人单位招聘应届高校毕业生和各类专业技术人才；三是加强专业技术资格、职业资格评审的交流与合作，深化培训、师资、考试、市场等方面的资源共享，逐步实现两地专业技术资格和职业资格互认；四是推进人事人才服务合作，通过异地人事代理、人才租赁等人才服务项目，搭建区域内共通的人才服务体系；五是加强人事争议仲裁的合作，制定和完善人事争议仲裁的政策规定，逐步形成统一的人事争议仲裁制度框架。

2. 合作推进人才公共服务政策创新

为减弱教育、医疗、社会保障等社会公共服务对区域人才流动的限制，必须按照分层分类的原则，逐步推进两地基本社会公共服务的对接。一是探索建立联合优惠补给制度，对符合一定条件的优秀人才，经两地共同审定后发放联合优惠补给，享受工作地在教育、医疗、社会保障、住房等方面的一定政策优惠，以此有效解决因户籍而无法享受当地基本社会服务的问题，对区域间的人才流动将形成一定的推动作用。二是探索实施成渝高端人才关怀行动。针对成渝地区的"两院"院士、国内外英才等高端人才，可以根据个人意愿申请享受两地中任何一地同等人才的有关待遇，以此让高端人才共享区域内任意一地的优质服务资源，这将在很大程度上提升成渝地区对海内外高层次人才的吸引力度。

成渝地区双城经济圈是一项复杂而系统的工程。而成渝地区双城经济圈人才协同培育是推动该战略的内生动力之一，需服务于成渝地区双城经济圈的大局。因此，要将人才协同培育融入成渝地区双城经济圈的大局之中，需要在此人才协同培育机制的内在驱动下，厘清成渝地区人才协同培育的总体思想及目标，为推进成渝地区双城经济圈建设提供持久有力的人才支撑。

第二章　成渝地区双城经济圈人才协同培育的总体思路

第一节　基本原则：坚定不移地贯彻党管人才原则

党的十九大报告强调，要坚定实施人才强国战略、创新驱动发展战略、区域协调发展战略、科教兴国战略等一系列战略，并站在全局战略高度上对人才工作与区域发展工作作出了一系列重要指示。[①] 这一举措从国家战略层面表明了人才强国战略与区域协调发展战略在国家发展的关键阶段具有重要地位，也意味着新时代人才理念与区域协调发展理念有了更系统化、具体化的部署策略。2020年1月3日，中央财经委员会第六次会议作出推动成渝地区双城经济圈建设的重大战略决策，由此，成渝地区频繁开展交流合作：2020年1月，四川省委、重庆市委就推动成渝地区双城经济圈建设签约；7月10日，"成渝地区双城经济圈人力资源服务产业园联盟"正式成立，着力做大做强人力资源服务业[②]；9月21日，四川省人力资源服务业发展工作指出，要拓展成渝人力资源，实现双融合。可见，人力圈就是劳动力集聚圈，就是动力圈、智慧圈，对成渝地区双城经济圈建设具有重要作用。新时代以人才为中心的"双城记"已唱响，成渝地区双城经济圈人才培育工作也正式迈向了新阶段。如今，在政治传播较量愈发激烈、国际传播形势愈发动荡、信息技术的博弈局面愈发复杂的背景下，全社会对人才的需求日益增加。面对新时代新形势新任务要求，人才在综合国力竞争中的地位和作用更加凸显，人才越来越成为推动科学发展的关键因素。随着人才队伍规模不断扩大、构成趋于多样、流动显著加快，各类

[①] 罗黎平：《区域协调发展战略当精准落实》，《光明日报》，2017年11月7日第2版。

[②] 向晓文：《川渝人力资源服务产业园联盟成立》，《四川工人日报》，2020年7月11日第1版。

人才服务、支持和管理的力度需要进一步加大，急需建设一支包括党政领导人才、经济管理人才和科技人才在内的人才大军。

早在 2001 年，中共中央便于《2002—2005 年全国人才队伍建设》文件中明确提出了实施人才强国战略的设想。2003 年 5 月中央政治局会议再次提出，要大力实施人才强国战略，努力为全面建设小康社会提供强大的人才保证。同年 12 月，中共中央、国务院在《中共中央　国务院关于进一步加强人才工作的决定》中把人才问题提到了国家战略层面，并明确规定实施人才强国战略是新世纪新阶段人才工作的根本任务。可见，强国是我国的根本任务，无论是社会主义物质文明建设还是精神文明建设，都需要高素质的人才作为载体，"人才"是"强国"的保障，"强国"是"人才"战略的方向。人才强国战略就是要培养一大批能为国家、为人民做出贡献的人才，依靠人才来达到强国的目的。[1] 2017 年党的十九大报告强调，坚持党对一切工作的领导，坚持党管人才原则，坚定实施人才强国战略。这更深层次地推进了新时代党管人才的原则，从战略高度进一步肯定新时代人才工作必须坚持党的领导和党管人才的原则，这既是政治方向和原则要求，也是中国共产党根本宗旨的必然要求。[2] 从宏观层面来说，人才强国战略工作是一项长期性的、具有全局意义的重要工作。因此，人才培育相关问题需要站在国家的高度，纵观历史和全球的发展，进行长远的规划。而党管人才原则便能抓住人才总牵头，从宏观上发挥党的领导核心作用，合理统筹各项资源与力量，从全局的高度来规划人才强国战略事业的发展。从政策层面来说，人才强国战略的制定和实施本身就是党深化人才科学认识、规划人才工作大政方针的具体体现。党管人才原则，主要是在把握人才工作规律的基础上，明确人才工作发展方向，指导人才强国战略工作大政方针的制定；从管理层面来说，党管人才原则，主要体现为管协调、管服务，体现为党发挥协调各方的职能和优势，整合各方力量，把人才工作所需资源都统一到落实人才强国战略这一目标上来。[3] 因此，坚持党的领导和党管人才的原则，是确保新时代人才工作沿着正确的方向前进，为党、国家和人民伟大事业的发展提供智力支持和人才保证的指导原则。[4]

---

① 萧鸣政：《人才强国战略实施中的党管人才原则》，《北京大学学报（哲学社会科学版）》，2008 年第 3 期，第 92～97 页。

② 何成学：《新时代人才工作必须善于坚持党管人才的原则》，《光明日报》，2018 年 4 月 16 日第 6 版。

③ 萧鸣政：《人才强国战略实施中的党管人才原则》，《北京大学学报（哲学社会科学版）》，2008 年第 3 期，第 92～97 页。

④ 张志远：《不断创新党管人才方式方法的思考》，《劳动保障世界》，2019 年第 16 期，第 52～53 页。

党管人才原则的目的是更好地统筹和规划人才发展与国家发展之间的关系，即党要在宏观上、政策上做好统筹，通过协调和服务来做好支持人才强国战略实施的工作，把各方的力量整合统一到服务于人才强国战略的实施的目标上来。[①] 同时，坚持党管人才原则就要坚持党领导人才工作，主要是通过制定政策、创新机制、改善环境、提供服务，为一切有志成才的人提供更多发展机遇和更大发展空间，把党内外和国内外的"各方面优秀人才集聚到党和人民的伟大奋斗中来"，为中国社会主义现代化建设事业贡献智慧和力量。[②] 因此，党管人才原则的内涵是，在人才强国战略实施工作中，党要管宏观、管政策、管协调、管服务，重点做好制定政策、整合力量、营造环境的工作，努力做到用事业造就人才、用环境凝聚人才、用机制激励人才、用法制保障人才，全面引领与保证人才强国战略目标的实现。可以说，党管人才原则既是我国爱才的体现，又是我国兴才、聚才的制度保障，更是我国做好新时代人才工作的独特制度优势，必须毫不动摇地坚持党管人才的原则。[③]

可见，坚持党管人才原则，是中国共产党按照完善社会主义市场经济体制的新要求，根据党所处历史地位的新变化，着眼于改革和完善党的领导方式、执政方式以及提高党的执政能力所作出的重大决策，是保证人才强国战略实施工作沿着正确方向前进的根本保证。

一、党管人才原则下成渝地区双城经济圈人才培育的基本理念

相比于 2011 年的成渝经济区、2016 年的成渝城市群，成渝地区双城经济圈战略定位更高、发展目标更加明确。推动成渝地区双城经济圈建设，有利于在西部形成高质量发展的重要增长极，打造内陆开放战略高地，对推动高质量发展具有重要意义。在此基础上，有学者认为，成渝地区双城经济圈承担着"既要激发内部动能，也能引起外部投资的目光，对内与对外的生产要素碰撞，加速推进区域发展"的重要功能和历史使命。[④] 在此战略高度上，资本、人才、技术、市场正在向成渝地区人力资源服务业聚集，在国家政策的支持下种种发展策略逐渐于实践层面落实。党管人才原则是我国人才制度的政治优势，

① 萧鸣政：《人才强国战略实施中的党管人才原则》，《北京大学学报（哲学社会科学版）》，2008年第 3 期，第 92～97 页。

② 张志远：《不断创新党管人才方式方法的思考》，《劳动保障世界》，2019 年第 16 期，第 52～53 页。

③ 何成学：《新时代人才工作必须善于坚持党管人才的原则》，《光明日报》，2018 年 4 月 16 日第6 版。

④ 《社会各界热议"成渝地区双城经济圈"》，《重庆建筑》，2020 年第 10 期，第 10 页。

既是新时代坚定实施人才强国战略的保障，也是从中央到各级地方党委高度重视人才的体现，还是加速形成人才优先发展战略布局和推进优秀人才集聚的重要手段。当然，在具体工作实践中，要做到既发挥政策优势，又防止管得过多过细影响人才活力的发挥，就必须深化对党管人才原则的认识，以准确把握党领导人才的深刻内涵。其中，重要的是要明确"管什么""怎么管"的问题。

（一）明确成渝地区双城经济圈党管人才原则的主要对象

人才是一个发展的动态概念。在新时代的人才工作中，人才是指有一定的知识技能，能够进行创造性劳动，为社会主义事业作出贡献的人员。人才的概念决定了成渝地区双城经济圈对人才的基本要求，那就是"择天下英才而用之，关键是要坚持党管人才原则，遵循社会主义市场经济规律和人才成长规律，着力破除束缚人才发展的思想观念，推进体制机制改革和政策创新，充分激发各类人才的创造活力"①。党和国家历来高度重视人才工作。自第二次全国人才工作会议明确提出坚持党管人才原则以来，中共中央办公厅于 2012 年印发了《关于进一步加强党管人才工作的意见》，作出了实施人才强国战略的重大决策，确立了党管人才原则是人才工作的重要原则，指出切实做好人才工作，加快建设人才强国，加强和改进党对人才工作的领导是根本保证。要坚持党管人才原则，自觉用科学理论指导人才工作、用科学制度保障人才工作、用科学方法推进人才工作，不断提高人才工作水平。② 与此同时，《党政领导干部公开选拔和竞争上岗考试大纲》《公开选拔党政领导干部工作暂行规定》《党政机关竞争上岗工作暂行规定》等干部人事制度改革文件的颁布，对公开选拔党政领导干部和党政机关竞争上岗考试的科目、测评要素、内容、方式方法及实施程序等作出了明确规定，使党政干部等管理人才建设进入精细化科学管理阶段。地区发展，人才先行，能否引进大批高层次人才，关系着成渝地区双城经济圈的发展程度，这是在人才培育工作中首先要明确的基本理念。为此，成渝地区要坚持德才兼备，把品德、能力、知识和业绩作为衡量培育高层次人才的主要标准，使人才标准从"学历职称本位"向"能力本位"转变，从而克服在人才标准上唯学历、职称、资历和身份的片面观点。此举既能有力推动人才

---

① 中共中央文献研究室：《习近平关于科技创新论述摘编》，中央文献出版社，2016 年，第 114 页。
② 盛若蔚、李章军、庞兴雷：《全国人才工作会议在京举行》，《人民日报》，2010 年 5 月 27 日第 1 版。

资源的整体开发，又能为实施人才强国战略提供人才保证和智力支持。①

在专业化发展加速、技术行业融合创新不断增强、高端服务产业链不断延伸的时代，我们更需要树立大人才观，以培养造就高层次人才为重点，着力建设党政人才、专业技术人才和企业经营管理人才三支队伍，以此带动整个人才队伍建设，促进新时代的各级各类人才协调发展。②

（二）明确成渝地区双城经济圈党管人才原则主要是管大方向

在 2021 年 5 月举行的推动成渝地区双城经济圈建设重庆四川党政联席会议第三次会议上，两省市普遍认为，要把成渝地区双城经济圈这一国家战略置于立足新发展阶段、贯彻新发展理念、构建新发展格局的大背景下来审视。③在此背景下，成渝地区共抓产业协作"一条链"，聚焦汽车、电子信息等重点产业，协同补齐产业链、建强创新链、提升价值链，推进重点企业"成龙配套"，深化重点园区协作互动。可见，成渝地区双城经济圈人才培育工作的行业融合性与交叉性普遍较强，既以电子信息等制造业为支柱，还与文旅产业有着越来越密切的联系。成渝地区双城经济圈人才培育工作从根本上隶属于党管人才原则，应以正确的政治思想为最终指导，因而在政治思想上，要加强对新时代人才的政治吸纳和政治引领，团结和凝聚各类人才为中国特色社会主义现代化建设事业贡献智慧和力量。

（三）明确成渝地区双城经济圈党管人才原则的工作重点

党管人才原则主要是抓人才战略思想研究、总体规划制定、重要政策统筹、创新工程策划、重点人才培养、典型案例宣传推广等，绝不是党委包揽人才工作的方方面面，也不能简单照搬党管干部的所有方式，应具有明确的工作指向性。④成渝地区双城经济圈的建设与深层发展依赖于多种专业型人才，由于各个专业的知识体系不等同，因此不同专业类型的人才评价体系、管理体制等也应有所不同。

为此，成渝地区双城经济圈党管人才的工作重点是做好制定政策、整合力

---

① 本报评论员：《坚持德才兼备 提高人才素质——五论学习贯彻胡锦涛总书记在全国人才工作会议上的重要讲话》，《人民日报》，2010 年 6 月 4 日第 1 版。

② 罗绍明、周亚东、董玉节：《以"四个全面"战略布局谋划高校十三五发展规划》，《文教资料》，2016 年第 3 期，第 89~91 页。

③ 张守帅：《全面加强战略协作政策协同工作协调 推动成渝地区双城经济圈建设不断迈出新步伐见到新气象》，《成都日报》，2021 年 5 月 28 日第 1 版。

④ 张志远：《不断创新党管人才方式方法的思考》，《劳动保障世界》，2019 年第 16 期，第 52~53 页。

量、营造环境、提供服务等工作，激活体制机制，探索开放、灵活的人才市场配置机制。建立开放、灵活的人才市场配置机制的目的，是使人才资源真正活跃起来，这需要成渝地区重视人才队伍的活力、效率以及积极性问题。中共十四大明确了我国经济体制改革的目标是建立社会主义市场经济体制，确认了由计划经济体制向社会主义市场经济体制的转变方向，实现了改革开放新的历史性突破。在经济体制转型条件下，推进人才管理体制改革创新的关键，是要适应建立社会主义市场经济体制的需要，把加强党和政府的宏观调控与充分发挥市场对人才资源配置的决定性作用结合起来，促进人才的合理有序流动。应当看到，人才资源是推动经济社会发展的现实需要。扩大人才资源优势的根本之策，便是打破阻碍人才流动的体制性障碍，建立健全有利于人才流动和优化配置的机制。因此，成渝地区双城经济圈要形成开放、灵活的人才市场配置机制，打破单位、部门壁垒，鼓励人才合理流动，培育形成与其他要素市场相贯通的人才市场，建立人才结构调整与经济结构调整相协调的动态机制。① 也就是说，人才资源与市场配置需要相互统一。既要坚持市场配置人才资源的改革取向，也要以健全的人才市场体系为基础，加强党和政府对人才的宏观调控。

在党管人才原则的指导下，成渝地区双城经济圈人才培育工作能够明确管理的主要对象、大方向、工作重点，把对人才的政治吸纳、政治引领以及团结引导服务落到实处，把各方面优秀人才集聚到党、国家和人民的事业中来。

二、党管人才原则下成渝地区双城经济圈人才培育的实践路径

近些年，随着人才强国战略的稳步推进，人才政策创新与人才培育工作日趋完善，成渝地区融合日益深化，党管人才原则在成渝地区双城经济圈工作格局与两地人才队伍中的重要性和影响力更加凸显。回顾 2021 年上半年，成渝合作共建的 5 个增强协同创新发展能力的科技创新项目均已开工。人才方面，成渝已实现近 3 万名科技专家资源共享，其中高级职称占比 90％以上，院士、省（市）学术技术带头人等高层次人才约 2000 余名，涉及信息技术、智能制造、新材料、人口健康、农业等多个领域。② 可见，成渝地区双城经济圈充分

---

① 钟怡祖：《人才强国战略与江泽民同志的人才观》，《光明日报》，2006 年 11 月 27 日第 3 版。

② 曾立、陈钧：《只争朝夕的 510 天 ——写在推进成渝地区双城经济圈建设重庆四川党政联席会议第三次会议召开之际》，《重庆日报》，2021 年 5 月 27 日第 3 版。

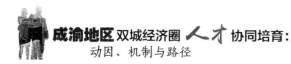

重视并加快转变人才发展方式，根据经济产业结构的需求对人才结构进行战略性调整，培养高层次创新人才和战略性新兴产业领军人才，在人才培育工作中坚持党管人才原则，充分发挥了各级党委总揽全局、协调各方的领导核心作用，不断创新党管人才的方式方法，为深入实施创新驱动发展战略提供坚强的人才支撑。

（一）充分调动广大人才积极性

在党管人才原则的指导下，成渝地区双城经济圈的各级党委能在制定政策、整合力量、营造环境、提供服务等方面下功夫。"制定政策"，就是要把握新时代人才工作的正确方向，完善新时代人才工作的大政方针，依据新时代发展战略目标，研究制定新时代人才工作的发展规划；"整合力量"，就是要形成党委统一领导、组织部门牵头抓总、相关部门各司其职和密切配合、社会力量广泛参与的人才工作新格局和强大合力；"营造环境"，就是要动员全党全社会高度重视人才工作，营造良好的舆论氛围和社会环境；"提供服务"，就是各级党组织和领导干部要以爱才之心、识才之智、容才之量、用才之艺，把人才工作的重点更多地放到搞好服务上来，以感召和凝聚各类人才。毕竟，人才发展的核心环节是如何使用人才、应用人才，人才队伍建设的根本任务是要充分发挥广大人才的作用。2014 年以来，四川省已连续 7 年举办"美丽四川·创业天府"知名高校四川人才活动周，为四川省重点产业发展集聚了一大批急需紧缺人才。[①] 通过制定政策、整合力量、营造环境、提供服务，成渝地区双城经济圈人才培育工作能够集聚人才，激发人才的创造活力，转化人才优势，实现人才结构战略性调整，调动广大人才的积极性，为人才干事创业和实现价值提供机会和条件。

（二）做好"四要"，加大人才政策创新力度

在党管人才原则的指导下，成渝地区双城经济圈在具体人才培育工作中需要做好"四要"。一是党委要"统"得起、"放"得下。"统"得起指成渝地区党委需要高度重视人才工作，一把手亲自抓"第一资源"，把工作重点放在人才工作战略思想的研究、总体规划的制定、重要政策的统筹和创新工程的策划等方面，以更宽的思维、眼界和胸襟去着力解决人才发展方式、人才体制改革、人才开放与流动等现实课题；"放"得下则指只管宏观、政策、协调和服

---

① 范芮菱：《2020 年知名高校四川人才活动周启动》，《四川日报》，2020 年 9 月 27 日第 2 版。

务，不越位、不包办，充分尊重用人主体自主权，破除人才流动、使用、发挥作用中的体制机制障碍，最大限度地支持与帮助人才创造活力。二是有关组织部门要"牵"得住、"抓"得准。成渝地区双城经济圈相关人才管理部门要在当好参谋、创新实践、整合资源、示范引领上下功夫，坚持牵头不包办，抓总不包揽，统筹不代替，积极支持和协调相关部门在职责范围内开展工作。三是各个职能部门需要"分"得清、"合"得来。"分"得清指相关职能部门要积极主动地抓好各自领域、系统的人才工作，不推诿，积极稳妥地根据各个部门的职能、需求等差别，从广度和深度上推动人才资源合理配置；"合"得来则指要克服各部门间人才政策相互脱节、相互掣肘的现象，在中共中央、成渝地区党委和组织部门的领导下，密切配合和协作形成整体合力。四是社会力量要"参"得进、"担"得起。要在强化用人单位的主体地位、主体作用的同时，充分发挥民主党派、工商联、社会团体和人才中介机构等社会力量在联系、团结和服务人才方面的独特优势，通过多种途径发挥出其桥梁纽带作用。在"四要"的创新方式方法下，成渝地区双城经济圈能够在党管人才原则的指导下加大人才政策创新和突破力度，根据国家已出台的重大人才政策重点破解成渝地区人才工作的热点难点问题，形成更有针对性、操作性、实效性的人才培育工作体系。

（三）坚持五个结合，推动体制机制不断创新

在党管人才原则的指导下，成渝地区双城经济圈的人才培育工作需要做好五个结合。一是坚持党管人才原则同依法管理人才相结合。人才培育工作需要围绕国家、成渝地区有关人才资源开发的法律法规，制定符合成渝地区双城经济圈发展目标的实施配套措施，以此营造人才辈出的良好法治环境，推进人才法律法规体系建设，加强人才工作执法和监督力度，努力把人才工作纳入制度化、规范化、法制化轨道，为人才的健康成长提供更有力的制度支持和法律保障。二是党管人才原则同人才主体性相结合。在党管人才原则指导原则的贯彻下，成渝地区双城经济圈的人才培育工作需要实行领导和群众相结合的人才管理方法，把人才的知情权和参与权落到实处，同时广泛听取各方面意见，尤其是一线创新创业和高层次人才的心声，将人才的建议和意见作为人才培育工作的重要依据。[①] 三是党管人才原则同发扬民主相结合。坚持党管人才原则，是体现党在人才工作中的核心领导地位、决策地位，以及党委在人才工作中的主

---

① 赵永乐：《党管人才怎么管》，《光明日报》，2014 年 10 月 4 日第 3 版。

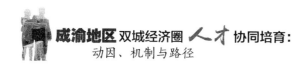
导地位、党组织在人才选拔任用工作中的领导和把关作用。发扬民主，则是发挥民意的基础性作用，以拓宽识人选人用人的渠道，更好地考察人才。四是党管人才原则同市场配置人才相结合。做好新时代成渝地区双城经济圈的人才培育工作，要在加强党对人才工作宏观管理的同时，充分发挥市场在人才资源配置中的决定性作用，通过市场调节把人才资源配置到最能发挥作用的岗位上。五是党管人才原则同尊重人才成长规律相结合。坚持和贯彻好党管人才的原则，需要把各类人才的积极性和创造性引导好、保护好、发挥好，建立起科学合理的人才评价体系，并制定相应的评估指标和评估办法。[①] 在做好五个结合的基础上，成渝地区双城经济圈的人才培育工作既能破除不合时宜、束缚人才成长和发挥才干的观念、体制和做法，又能推动人才工作的体制机制不断创新。

千秋功业，关键在人。成渝地区双城经济圈建设是新时代党中央对新形势下促进我国区域协调发展的深远谋划和战略考量，是一次发展的创新之举，既是时代的重任，也为地区发展带来了新的挑战和机遇。成渝地区双城经济圈建设需要在成渝地区党委政府的领导下，推动党委政府、用人单位和各类社会资源综合发力，形成以人才互联、政策互通、资源共享、人业融合为特征的区域人才协同发展模式。[②] 综上所述，推动"双城"经济圈的更好发展，要坚持把党管人才作为人才培育工作的指导原则，紧抓人才，引入、留住、用好能干事、敢担当的人才，确保"人尽其才，物尽其用"，为成渝地区双城经济圈提供强大的人才支撑，谱写新时代成渝合作发展的新篇章。

第二节　重要方向：坚持区域协同人才培育创新发展

2000 年以来，区域逐渐成为参与全球经济一体化的经济利益体和国际分工的重要主体，以及全球经济中最活跃的经济单元[③]，世界经济发展也愈来愈呈现出区域化特征。但是国际环境的剧烈动荡使得市场竞争的不确定性加强，各区域之间开始以"知识流、价值流"为核心发挥创新知识链的价值，通过人

---

① 何成学：《新时代人才工作必须善于坚持党管人才的原则》，《光明日报》，2018 年 4 月 16 日第 6 版。

② 章榕：《加强成渝地区双城经济圈人才协同发展》，《重庆日报》，2020 年 5 月 12 日第 7 版。

③ Ohmae K：The rise of the region state，Foreign affairs，1993（72）：78—87。

才与创新的运作实现知识增值，提高区域竞争力。毕竟，人才创新既是区域发展的最主要动力，也是区域发展的必由之路。而在知识时代背景下，单个地区的创新能力显然无法有效应对瞬息万变的竞争环境。为此，区域协同条件下的人才培育创新道路正日益成为成渝地区双城经济圈获取竞争优势的重要因素，这不仅有利于实现人才资源在成渝地区各个发展环节的协同整合，还能促进成渝地区内部的优势互补与合作共赢，是确保区域一体化良性发展、提升区域整体优势的重要支柱，是区域创新发展的必然结果和高级阶段。①

一、成渝地区双城经济圈人才培育发展模式的内涵

在坚持区域协同的人才培育创新道路上，人才是关键因素。在此基础上，成渝地区双城经济圈人才培育机制必须把科技人才作为最重要的战略资源，紧紧抓住培养、吸引和用好人才三个环节，培养和造就一大批富有自主创新能力的科技人才，加强科技创新与人才培养的有机结合。为此，在坚持走中国特色自主创新道路上，成渝地区双城经济圈需要积极了解人才培育发展模式的深刻内涵，从人才特区建设、人才资源协同发展，到共建科技创新中心的发展模式，落实科技支撑和引领经济社会发展的基本要求（如图 2-1）。

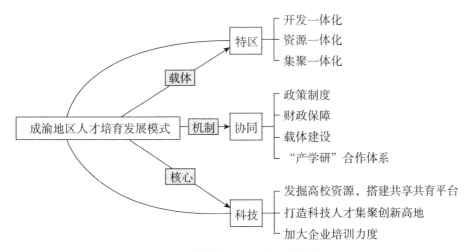

图 2-1　成渝地区人才培育发展模式

---

① 王志宝、孙铁山、李国平：《区域协同创新研究进展与展望》，《软科学》，2013 年第 1 期，第 1~4，9 页。

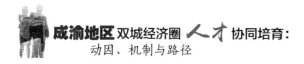

（一）以"人才特区"为载体，探索人才聚集发展

人才资源是第一资源。在我国改革发展的关键阶段，大力推动人才发展政策与体制机制创新，提高人才资源的开发利用水平，对于更好实施人才强国战略具有重大而深远的意义。建设"人才特区"，就是在特定区域实行特殊政策、特殊机制，实现特事特办；在经济社会发展全局中率先确立人才优先发展战略布局，构建与国际接轨、与市场经济体制相适应的人才体制机制；在特定的空间范围内，通过制定和实施一系列优惠政策、创新人才管理体制以及完善人才服务体系等措施，以实现人才集聚和创新为战略目标的区域建设。[①]《国家中长期人才发展规划纲要（2010—2020 年）》提出，要改进人才管理方式，鼓励地方和行业结合自身实际建立与国际人才管理体系接轨的人才管理改革试验区。[②] 这就要求各地各部门大力推进"人才特区"建设，积极探索人才管理创新模式，创新人才工作机制，优化人才环境，聚集海内外人才。为此，成渝地区应全面深入贯彻落实习近平总书记系列重要讲话精神，本着有利于增强自主创新能力、有利于完善创新体系、有利于实现科技资源的最优配置，始终把人才工作摆在经济社会发展全局的突出位置，深入实施科教兴市和人才强市行动计划，积极推进地区英才计划，创新人才政策，优化人才服务，着力打造人才高地，让"近者悦、远者来"的人才发展氛围日益浓厚。

四川省陆续发布了《关于加强战略性"塔尖"产业领域人才队伍建设的实施意见》《关于加强优秀企业家队伍建设的实施意见》《关于加快引进培养高层次领军型人才的实施意见》《关于促进专业技术人才智力转化的若干规定》《关于推进院士（专家）工作站建设的实施意见》《关于建设人才优先发展实验区的实施意见》，以加快西部人才高地建设[③]；重庆市委、市政府出台了《进一步加快博士后事业创新发展若干措施》《关于做好疫情防控期间人才服务和人才引进工作的通知》《关于推进人才工作精准施策的指导意见》等相关文件，以健全完善"塔尖""塔基"人才政策体系，着力推动人才政策由"大水漫灌"向精准施策、系统施策转变。同时，两地积极联动，在线上设立"四川引才专

---

① 佟林杰、孟卫东：《京津冀区域人才特区建设的现实困境与路径选择》，《经济与管理》，2015 年第 5 期，第 15～18 页。

② 王通讯、苗月霞：《人才管理改革实验区建设面临的问题》，《中国人才》，2012 年第 23 期，第 56～57 页。

③ 孙忠：《四川省出台 7 个配套文件对"十二五"期间加快建设西部人才高地作出部署》，http://www.gcdr.gov.cn/content.html?id=31417。

区"和"重庆引才专区",举办成渝地区双城经济圈人才协同发展成果展,集中展示成渝地区双城经济圈人才协同发展的情况和周边地区人才政策以及重庆英才团队创新创业的成果。从成渝地区"人才特区"建设的发展过程来看,其合作内容呈现出不断增加的趋势,主要表现为人才开发一体化、人才资源一体化、人才聚集一体化。

1. 人才开发一体化

大力推动人才开发一体化,建设统一的人才市场,是成渝地区打造"人才特区"体系的重要组成部分,是建设成渝地区双城经济圈的基础性工程。为此,人才开发一体化要不断通过推进成渝地区人才开发的资源共享、政策协调、制度衔接和服务贯通,积极探索成渝地区双城经济圈的人才开发机制,为成渝地区双城经济圈人才培育高质量发展聚智汇力。

2. 人才资源一体化

人才资源已成为当今地方谋求长期发展的重要保障。成渝地区通过联合高层次科技创新人才资源,围绕"两地""两高"目标来适应成渝地区双城经济圈建设的重大战略部署,在抢抓机遇、顺势而为的趋势下,共同把握和应对来自全球人才竞争的机遇和挑战,创造人力资源优势,促进区域经济发展。

3. 人才聚集一体化

人才聚集是实现"人才特区"建设的基础,只有聚集足够的人才,才能达到以"人才特区"推动区域发展的目标。为此,在人才聚集一体化上,成渝地区双城经济圈不断完善人才工作政策体系,持续构建引才聚才高地,加速形成高层次人才"强磁场",打造"近悦远来"的人才生态环境。

近年来,国家发展和改革委员会支持重庆建设全国一体化国家大数据中心西南中心,中国科协、重庆市政府、重庆大学和四川大学共建"城市化与区域创新极发展研究中心",重庆相关单位联合电子科技大学等单位申报国家重大项目并成功获批 8 项。[①]

可见,成渝地区双城经济圈的人才培育机制正在大力推进"人才特区"建设,打造具有城市差异性的人才战略模式和国际竞争力的人才制度优势。

---

① 陈国栋:《川渝人才合作硕果累累 签订人才合作协议 105 份》,《重庆日报》,2021 年 4 月 25 日第 1 版。

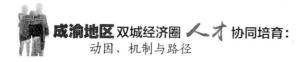
（二）以协同为机制，助力成渝地区双城经济圈建设

为贯彻落实党的十九大精神，十九届四中全会着重研究了坚持和完善中国特色社会主义制度、推进国家治理体系和治理能力现代化等若干重大问题并作出决定。区域治理是国际治理体系的重要内容，习近平总书记指出，"要围绕'一带一路'建设、长江经济带发展、京津冀协同发展等重大规划，尊重科技创新的区域集聚规律，因地制宜探索差异化的创新发展路径，加快打造具有全球影响力的科技创新中心，建设若干具有强大带动力的创新型城市和区域创新中心"①。在此倡导下，成渝地区双城经济圈顺势而生，成为继京津冀、长三角、粤港澳大湾区之后的第四个国家级城市群，旨在形成中国西部高质量发展的重要增长极。一方面，成渝地区双城经济圈对促进各类生产要素高效集聚具有重要意义；另一方面，人才作为第一资源，也是推动成渝地区双城经济圈高质量发展的坚实保障。2020年3月23日，重庆市推动成渝地区双城经济圈建设动员大会召开，围绕党中央提出的七项战略任务，确定了精准抓好推动成渝地区双城经济圈建设的七大重点任务，其中一大重点任务便是提升成渝地区协同创新发展能力。

人才作为创新能力的根本源泉，能够为实现成渝地区高质量发展提供强大的人才支撑，进而为成渝地区双城经济圈人才资源协同发展助力。这不仅是推进成渝地区治理体系和治理能力现代化的重要安排，是提升成渝地区双城经济圈区域治理能力和水平的重要支撑，也是成渝地区共同建设具有全国影响力的科技创新中心的重要举措，将会深度影响国家区域发展格局。为此，成渝地区双城经济圈应提档加速人才合作，坚持人才优先发展战略，确立人才引领发展战略，推动人才协同发展，提升人力资源配置能力，通过高效整合现有人才吸引渠道，提供优质岗位，吸引大量成渝人才，打造"近者悦、远者来"的人才发展生态，以期推动成渝人才资源协同发展，建设西部人才集聚高地，为未来经济建设提供更大助力。成渝地区双城经济圈的人才工作应按照人才资源协同发展新思路，探索资源共享、平台共建、成果共用、环境共融的人才协同促进区域协同发展新路径，不断提高人才工作对成渝地区双城经济圈建设的创造力和贡献率。

---

① 习近平：《为建设世界科技强国而奋斗——在全国科技创新大会、两院院士大会、中国科协第九次全国代表大会上的讲话》，《人民日报》，2016年6月1日第2版。

1. 出台协同人才发展政策制度

一方面，打破"一亩三分地"的思维方式，破除行政管理的区域藩篱，发挥统筹协调工作优势，集中出台精准健全的人才新政，加强政策法规一体化，最大限度将政策红利转化为人才福利和创新活力，营造让人才大展其长的制度氛围；另一方面，强化人才政策执行实施过程，确保区域人才政策落实，加强人才政策管理力度，加大对违规行为的惩处力度，共推人才政务服务互联互通，夯实人才评价协同设施基础。

2. 落实人才发展财政保障

构建稳定的财政投入机制，稳定人才发展的财政投入，设立人才发展基金，丰富智力融资金融产品，扩大高层次人才培养规模，建立多元的人才培养资金筹措渠道，吸收多元资本投资以支撑人才发展工作，实现人才投资主体多元化，保证人才培养和开发经费的高效利用。

3. 扩大人才发展载体建设

联合开展成渝地区形象推介，提升人才发展环境的区域影响力，推进成渝地区支柱产业人才平台建设，协同实施一批重大项目，联合建设一批人才发展载体，共同落实国家重大政策、重大项目、重大工程布局，促进人才向成渝地区双城经济圈集聚。

4. 强化"产学研"合作体系

制定"产学研"发展规划，完善"产学研"政策体系，推动重大"产学研"合作项目，打破单一主体要素资源限制，协调成渝地区双城的"产学研"资源的集约管理、优化配置、优势互补，提升"产学研"体系的人才吸引能力，促成人才资源和智力资源共享。

通过上述四方面的努力，成渝地区双城经济圈在人才资源协同发展的模式下，将引领人才区域协同发展，推动成都、重庆人才吸收储备，做大人才蓄水池，为日后的发展打下坚实的基础。

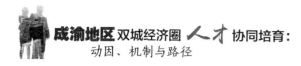

（三）以科技为核心，深化成渝地区人才合作

在庆祝改革开放 40 周年大会上的讲话中，习近平总书记强调："我们要坚持创新是第一动力、人才是第一资源的理念，实施创新驱动发展战略，完善国家创新体系，加快关键核心技术自主创新，为经济社会发展打造新引擎。"[①] 2020 年 1 月 3 日，习近平总书记主持召开中央财经委员会第六次会议，正式把成渝地区双城经济圈建设上升为国家战略，赋予成渝地区建设"两中心两地"的使命任务，成都、重庆及其辐射周边地区正式进入成渝地区双城经济圈新时代。西南财经大学成渝经济区发展研究院院长杨继瑞认为，"中央提出建设成渝地区双城经济圈这一宏大战略，就是希望能够整合成渝两座中国西部经济发展最快的国家中心城市的实力，通过要素禀赋的互补互融，集聚发展新动能，打造中国城市群的第四极，辐射带动广袤西部地区的发展，从而实现我国区域经济的协调发展"[②]。在国家对成渝地区双城经济圈建设的"两中心两地"定位中，包括打造"具有全国影响力的科技创新中心"，成渝地区如何借势发力，深化人才合作，高效聚集科技人才，是助推成渝地区双城经济圈建设的关键。要打造服务成渝地区双城经济圈的科技创新共同体，就必须把成渝地区视为双城经济圈人才发展的桥头堡，以经济圈建设的现实需求为根本，以培养创新精神为重点，以提高人才队伍素质为目标，加快培养一批高层次创新型科技领军人才，统筹推进各级各类人才队伍建设。只有培育和造就高层次科技创新人才和团队，才能够强化成渝双核引领作用，建设高质人才梯队。因此，作为我国西部经济规模最大、发展水平最高、增长潜力最足的区域，成渝地区要牢固树立一体化发展理念，在集聚科技人才中强化中心城市的辐射带动作用，唱好"双城记"，建好"经济圈"。在坚持中国特色人才培育的创新道路发展方向上，成渝地区双城经济圈应紧紧围绕科技创新人才集聚高地这一目标，通过重视人才培养、充分挖掘资源等举措，充分挖掘利用高校资源，建立若干创新型人才培养基地，支持企业培养和吸引科技人才，从而积极推动科技创新中心建设。

---

① 习近平：《在庆祝改革开放 40 周年大会上的讲话》，《人民日报》，2018 年 12 月 19 日第 2 版。
② 赖芳杰：《增强极核作用　成渝地区双城经济圈共建科技创新中心》，《华西都市报》，2020 年 6 月 23 日第 8 版。

1. 充分发掘利用高校资源，搭建人才共享共育平台

一是强化"校校"战略合作。应加大与清华大学、北京大学、中国人民大学等国内知名院校以及部分国际高校开展战略合作的力度，促成双方在战略决策咨询、科技创新与合作、科技成果转移转化、教育合作、人才交流、干部交流、干部教育培训等多领域开展深度合作。二是搭建"政校企"合作平台。四川省、重庆市要大力搭建校（院）企合作的成果转化、孵化平台，提供中试平台服务、产业共性技术服务等。要抓好两地高校、院所的优势学科、优秀科研成果在省（市）级层面的统筹，摸清重点企业的技术、项目、人才等需求底数，加大在资金、场所等各方面要素保障。高校要主动整合政校企等各方面资源，为大学生创新创业提供更大支持。三是畅通政校企人才流动。大范围组织成渝地区高校与企业、地方政府人才三方挂职，推广科技特派员、企业科技副总等制度，形成政校企融通、产学研结合的互动格局。要注重挂职实效，联动高校、企业共建工程技术中心、研究生实习基地等，推动职业院校专业设置对接产业需求，促进产教融合。要突出抓好柔性引才，采取顾问指导、技术咨询、人才租赁、项目合作、退休特聘等多种形式，灵活运用成渝地区高校科创人才。

2. 激发创新创造活力，打造科技人才集聚创新高地

一是要加大创新平台建设力度。积极协调国内外前沿科研院所来成渝地区设立分支机构，增加高层次人才资源存量。要加强重点实验室、院士工作站、专业技术研究院、博士流动站、企业研发中心等科研平台建设，推动 R&D 经费支出稳定增长，带动专家人才团队引进。[①] 二是打造和谐有机的创新生态系统。建设一批集生态、绿色、环保、科技、人文等要素为一体的创新孵化基地，从科创团队入驻开始就定制"一揽子"服务措施，推动形成服务种子期、初创期、成长期的全孵化链条。引导具有国企背景的社会资本建立公司化的产业技术研究院，瞄准价值链高端的"卡脖子"高新技术，促进孵化一大批高新技术企业和培养若干高新技术产业集群。三是健全科技资源市场服务体系。逐步构建成渝地区创新要素共享平台，充分发挥成渝地区各自优势，推动区域内不同创新资源及信息的共享共用。加快建立技术交易市场和技术产权交易所、高新技术成果转化服务中心等中介服务机构，强化中介服务网络建设。大力发

---

① 李军锋：《建设科技创新中心要增强协同创新能力》，《重庆日报》，2020 年 6 月 11 日第 10 版。

展公共服务体系，重点在成果转化的风险保障和法制保障方面加大支持力度。

3. 加大企业培养人才力度，激发创新创造活力

一是要健全两地企业培育人才体系。成渝地区要进一步加强政府部门、企业、人才之间的信息资源交流和对接，探索建立知识、技术、管理等要素参与分配的运行机制。对于企业需求的特殊人才，各部门要通力合作，实行特殊的人才流动机制，为各类企业提供针对性强的人才资源服务。二是构建多方位人才引进体系。鼓励和引导科研院所和高等院校的科技人员进入市场，允许科技人员到企业兼职并进行技术开发，以及鼓励企业与高等院校和科研院所共同培养技术人才。三是制定政策引导人才"走出去"。企业是自主创新的重要主体，创新人才缺乏则是企业创新能力薄弱的重要瓶颈。为此，成渝地区需制定相关优惠政策，引导、鼓励科技人才到企业中进行技术创新，以企业的科技创新平台和重大专项为依托，实现原始创新和集成创新相结合，为取得重大技术突破奠定基础。

二、成渝地区双城经济圈人才培育发展模式的创新之处

自"成渝地区双城经济圈"提出以来，成渝地区人才培育模式从人才特区建设，到人才资源协同发展，再到共建科技创新中心的新阶段，都在不断促进人才培育的合作一体化与深化，加快实现"两中心两地"的目标定位。在中国特色自主创新道路的方向引导下，成渝地区人才培育机制积极进行了大量的探索与实践，通过加强成渝地区顶层合作、构筑高效人才机制，推动制度创新；通过系统观念、跨学科思维、管理体制实现学科与人才的交叉融合，不断推动融合创新；通过注重国际化人才的培养机制、创新人才柔性流动机制、完善配套服务、构筑国际人才高地，逐步实现渠道创新。

（一）制度创新指导成渝地区双城经济圈人才培育工作

人才发展，制度先行。要确保人才发展不受行政壁垒、体制壁垒和政府间合作层级较低等负面因素影响，必须分层结对建立人才协同发展部际协调小组和联席会议制度，指导成渝地区双城经济圈的人才工作，最大限度整合成渝地区资源，形成"协同合力"。

1. 以制度政策保障来推进成渝地区双城经济圈人才培育一体化的有序进行

要努力突破行政区域界线，将人才评价、人事制度的设计置于成渝地区双城经济圈这一层面上，并制定相应可行性措施。截至 2020 年，成渝双方组织部门联合制发了工作机制和重点任务清单，互派 101 名年轻干部到成渝地区双城经济圈主战场挂职，举办两期成渝英才爱国奋斗研修班；协同举办"重庆英才大会""蓉漂人才日"活动，搭建了成渝地区双城经济圈人才交流高端平台；教育部门签署教师教育协同创新合作协议，组建成渝地区双城经济圈高校联盟，共享优质教育教师资源；科技部门联合举办首届成渝科技学术大会，实施联合重点研发项目 15 项、科技攻关 130 余项，整合共享成渝 2.5 万名科技专家资源；人社部门推动实现成渝职称互认，组建成渝地区双城经济圈人力资源服务产业园联盟。① 相关市（区）和毗邻地区主动融入成渝地区双城经济圈建设，在集聚高端人才、共建重大平台、优化服务保障等方面做出积极探索，取得良好成效。

正是通过上述有制度保障的一体化平台建设，成渝地区能在制度政策上达到"同城效应"，以此实现真正意义上的合作。

2. 以优化人才引进机制来搭建成渝地区双城经济圈人才服务平台

随着成渝城市群的深入发展，成渝地区引进、培养人才的力度不断加强，人才环境不断改善。推行多元引才方式，完善政府主导多方引才机制，健全富有竞争价值的高层次人才引进的保障体系，对潜力人才给予户政地税和科研补贴等优惠，对高层次紧缺人才提供政策松绑和家属安置等便利。2019 年 6 月，重庆市推出英才计划，承诺给予入选人才最高 200 万元的研究支持经费，给予每个创新创业示范团队 30 万元的支持经费，并提供优质服务。随后，重庆市又出台了《关于为高层次人才提供"人才贷"及相关金融服务的实施方案》。根据该实施方案，在重庆工作的高层次人才，持银行"英才卡"可获得最高2000 万元"人才贷"。

---

① 陈国栋：《川渝人才合作硕果累累 签订人才合作协议 105 份》，《重庆日报》，2021 年 4 月 25日第 1 版。

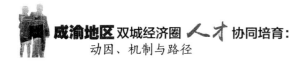

3. 以完善人才流动机制来加强成渝地区双城经济圈人才市场体系建设

疏通政企、事企流动通道，鼓励科研人才离岗创业，放宽人才流动限制条件，打造富有成渝地区双城经济圈特色的"柔性流动"管理机制，支持人才在产业内的不同领域不同行业适当流动，培养更多高质量复合型人才。成渝地区出资 2000 万元支持人才项目建设，营造勇于创新、尊重创新、激励创新的文化氛围，促进社会科技创新文化形成。其通过推动科研资金跨省使用、科技创新券"通用通兑"，遴选 5 家重庆市重点实验室作为成渝共建重庆市重点实验室，推动两地产学研平台开放共享，举办首届成渝科技学术大会等。同时，成渝地区弘扬创业精神，鼓励社会各类人员进行创业实践，成立成渝地区双城经济圈就业创业协同发展联盟，汇集企业 1.3 万家，岗位约 60 万个，并举办了成渝地区双城经济圈就业创业活动周等。此外，在校地合作方面，重庆市与四川大学达成市校合作，重庆大学与四川省达成省校合作；电子科技大学与西永微电园共建研究院项目，第一期 100 名研究生已完成招生；成渝地区 20 所高校成立联盟，启动联建 27 个"双一流"学科，首批互派 55 名高校访问学者，共同培育优秀人才等。[①]

4. 以强化人才激励机制来完善成渝地区双城经济圈人才自主创新机制

迎合不同层次需求，丰富人才激励形式，发挥机制的激励效果。例如，加大对科技人员的产权激励，增加创新税收优惠，以知识产权政策激发人们的创新积极性，鼓励社会非营利性机构设立科技奖励基金。以此为高层次人才提供参与政府重大决策、地方及社会远景规划等自我实现的机会，为中端人才提供优渥工作待遇、良好创新氛围、舒适的工作环境，为基础人才提供公费深造、重点培养、优先提拔等职业发展路径。于发达地区而言，部分先进技术能够借助成渝地区的人才市场优势迅速转化为现实生产力；于国内其他地区而言，部分发展项目可以结合成渝地区的工作与创业优势，与成渝地区共谋发展宏图。为此，成渝地区要充分利用好人才、平台及政策优势，通过对技术人才的产权激励、创新税收优惠、知识产权政策、社会科技奖励基金等举措，发挥人才区

①　万容：《关于促进科技人才高效集聚　助推成渝地区双城经济圈建设研究》，https://www.12371.gov.cn/Item/556361.aspx。

位优势，更多地激发人才创新创业积极性，更好地为中国特色人才培育创新道路服务。

5. 以建立人才协同发展机制来打造成渝地区双城经济圈人才合作新高地

着眼于成渝相向发展，发挥成渝双城聚才、引才、育才、用才的区位优势，建设人才合作示范区，打造服务成渝地区双城经济圈的创新共同体。自2020 年重庆和四川签署《成渝地区双城经济圈人才协同发展战略合作框架协议》以来，重庆和四川频频互动、紧密合作，建立健全协同发展工作机制，积极争取中央和国家部委支持，协同开展引才育才活动，共同搭建人才协同发展载体。双方签订人才合作协议 105 份，举办人才活动 142 场次，推动成渝高校联建 27 个"双一流"学科，组建运营 50 亿元成渝地区双城经济圈科创母基金，实现高级职称证书互认、招聘求职"一点通"、流动人才档案办理"零跑路"，在全国率先实现住房公积金跨区域资金融通使用，持续优化人才协同发展服务保障工作，让成渝地区成为人才向往的乐土。①

自成渝地区双城经济圈战略提出以来，成渝地区人才体制机制便不断创新，针对制约人才、教育、科技发展的痛点、难点，实施创新创业生态优化行动，通过深化体制机制改革、探索赋予科研人员科技成果所有权和长期使用权、强化创新创业金融支持、加强知识产权保护等措施，营造了创新创业的良好生态。目前，系列吸引、激励、服务人才的配套政策正在制定出台，这些优惠的政策、宽松的环境和优质的服务，必将助力各类人才在成渝地区双城经济圈的建设下各得其所、尽展其长。

（二）融合创新提升成渝地区双城经济圈人才原始创新能力

1. 以跨学科思维指导复合人才培养方向

主打"交叉牌"的成渝地区双城经济圈人才培育机制所建立起来的跨学科思维，不仅体现在原始创新研究上，也体现在技术开发时的合作交流上。成渝地区双城经济圈的科技创新中心在建设过程中难免会涉及多种学科知识，存在一些知识盲区，毕竟不同学科之间的研究方法与思想理论有较大不同。在跨学

---

① 陈国栋：《川渝人才合作硕果累累　签订人才合作协议 105 份》，《重庆日报》，2021 年 4 月 25 日第 1 版。

科思维的指导下，各类人才可以在培养过程中以自身学科理论为依据，将自己所掌握的学科知识融入其他学科之中，实现跨学科的交叉融合。

2. 以管理创新激发复合人才活力

管理体制机制的创新是增强交叉学科内生动力、发展交叉学科的关键。要发挥交叉学科优势、激发交叉学科活力，突破以传统学科为界限的人才培养范式，不能仅仅依靠系统观念的推动、跨学科思维的指导来进行局部的变革，而应从全局着眼于管理体制的改革。参照国家治理体系的结构，将政府与社会的资源融入成渝地区双城经济圈人才培育的创新、交叉、开放和共享等要素中去，激发人才活力。

总之，在新的经济社会发展阶段，随着成渝地区双城经济圈人才体制机制的深化改革，其内部也应着力突破学科壁垒，以系统观念、跨学科思维、管理体制的改革优化来充分推动成渝地区双城经济圈的人才培养，从而能够大范围地为成渝地区培养紧缺的高层次科技创新人员，以提高成渝地区双城经济圈人才资源的共享性。

（三）渠道创新整合共享成渝地区双城经济圈人才资源

在新的发展时期，成渝地区双城经济圈需要拓展人才市场的突破口，重点加快创新人才的培养和集聚，以推进自主创新体系的建设。一是成渝地区双城经济圈人才培育亟须制度创新、融合创新；二是构建符合成渝地区双城经济圈发展要求的国际化人才开发和管理体制，形成区域统一的国际化人才市场，促进人才尤其是科技创新人才的自由流动，这是成渝地区双城经济圈人才培育机制建设的重点。为此，成渝地区应在遵循党管人才原则的基础上，积极探索市场主导、开放自主、互惠共享、优势互补的结构性人才市场；通过不断推进成渝地区人才资源共享和服务贯通，注重国际化人才的培养机制，培养出更多高层次科技创新人才；构建国际化人才流动渠道，促进科技人才柔性流动；出台相关政策，完善国际化人才配套服务，优化人才科研环境。

1. 注重国际化人才的培养机制

充分利用成都、重庆两地中心城市雄厚的科研教育资源，培养和开发高层次的人才。建立面向全社会的人才资源开发系统，实施人才资源专业人员能力提升计划；加快成渝地区双城经济圈人才开发一体化进程，全方位推进跨区域的人才开发交流与合作；倡导和推行人才柔性流动，积极吸纳海内外高层次人才和紧缺急需人才；选送一批高层次人才到国外学习培训，开展科技合作与学术交流；依托留学人员创业园、博士后科研流动站和工作站等高层次人才载体，凝聚和培养创新创业人才。

2. 创新人才柔性流动机制

坚持"不求所在，但求所用"的引才观。创新人才柔性流动机制，更多地吸引海内外高级人才以全职、兼职或短期工作的方式，参与成渝地区双城经济圈创办、参与的重大科研活动；建设人才市场体系，形成开放竞争、规范有序的人才流动机制，发挥市场在人才资源配置中的决定性作用；详细了解海外人才在成渝地区工作、创业的情况，从中提炼经验，形成集聚海外人才的长效机制；加强海外人才的管理服务，创新留学人员创业园管理机制，整合现有留学人员创业园的优势资源，形成政策辐射、资源共享、管理互通的新机制，提升创业园在推进科技创新方面的能级，继续对留学人员创业发展提供资助。

3. 完善人才配套服务设施

成渝地区双城经济圈要构建统一开放的海外人才服务平台，为海外人才来成渝地区创业就业、子女就学、就医、居住和生活等提供"一门式"系列服务。2021年1月，四川省科学技术厅组织召开了外籍华裔高端人才座谈会，会上强调，四川省下一步将围绕人才引进服务着力推进三个方面的工作。一是建立"两机制"，即加强与外籍高端人才的对话，建立人才定期联系机制。二是建设"两库"，即四川省高端外籍人才专家库，并与重庆市共同探索推进建立成渝地区双城经济圈外籍高端人才共享数据库。三是进一步加大对引进人才的激励，鼓励引进人才申报四川省国际科技合作奖、天府友谊奖等奖励，同时进一步完善人才柔性引进政策，以此有效带动成渝地区双城经济圈国际化人才的引进、培养和落户。

可见，成渝地区人才培育的关键是要进行制度创新、融合创新、渠道创新，包括加强成渝顶层合作、构筑高效人才机制、实现学科与人才的交叉融合、注重国际化人才的培养机制、创新人才柔性流动机制、完善配套服务等。在此过程中，制度创新、融合创新与渠道创新的联动能够积极打造一个充分开放、机制灵活、运作高效、市场完善的用人环境，最大限度地激发人才的创造热情，帮助其实现创新价值，从而吸引更多高层次、具有创新精神的人才投身于成渝地区双城经济圈的建设工程，使成渝地区充满生气与活力。

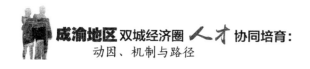
第三节　科学内涵：坚持中国特色的人才培育科学道路

1978年3月，党中央召开全国科学大会。该会标志着我国"科学的春天"的到来，奏响了改革开放的序曲。40多年来，我国科技事业砥砺前行、蓬勃发展，在攻坚克难中铸就伟业，在勇攀高峰中追求卓越，不断探索和实践中国特色自主创新道路。特别是党的十八大以来，以习近平同志为核心的党中央把科技创新摆在国家发展全局的核心位置，坚定实施创新驱动发展战略，走出了一条从人才强、科技强到产业强、经济强、国家强的创新发展道路。同时，中国特色自主创新道路也要求我们必须坚持中国特色的人才培育科学道路，着力营造鼓励创新、包容创新的良好社会氛围，完善育人选用用人的体制机制，充分调动人才的积极性、主动性、创造性，让各类人才都能人尽其才、人尽其用、用有所成，培养造就一批具有国际水平的战略科技人才、科技领军人才、青年科技人才和高水平创新团队，努力造就一支规模宏大、结构合理、素质优良的创新人才队伍。

一、坚持以人民为中心的价值取向

党的十八大以来，以习近平同志为核心的党中央根据新时代新形势提出了一系列富有创见的新理念、新思想、新战略。其中"以人民为中心的发展思想"深刻回答了党和国家事业发展的重大理论和现实问题，进一步提升和深化了党中央对社会主义建设规律的认识，丰富和创新了中国特色社会主义理论的成果，开创了治国理政的新境界。在"以人民为中心的发展思想"指引下，成渝地区双城经济圈人才培育要坚持"以人民为中心的发展思想"，同时在坚持中国特色人才培育科学道路的基础上，实现由"以人为本"向"以人民为中心"的重大价值取向转变，更好地为人民群众的利益而奋斗。这便要求成渝地区双城经济圈在人才培育道路上要"树立以人民为中心的工作导向"，始终为了人民而奋斗，正确处理发展与人民之间的关系，建设人民满意的人才培育机制，进而为成渝地区双城经济圈建设赋能。

为了进一步打造成渝地区高质量发展重要增长极和新的动力源，2021年1月3日，中央财经委员会第六次会议将成渝地区双城经济圈建设上升成为国家战略；10月16日召开的中央政治局会议审议通过《成渝地区双城经济圈建设规划纲要》，再次"刷新"成渝地区双城经济圈战略定位。在新的定位条件下，以人才培育来进一步推进成渝地区双城经济圈建设路径，对带动成渝地区高质量发展，提高西部地区的经济能级和发展水平，促进东部、中部、西部发展不均衡的问题解决等具有重要意义。毕竟，发展是硬道理，社会的进步离不开发展，而发展又离不开人民。人民是推动社会发展的主体，重视人民性是每个时代发展的内在要求。因此，在社会主义现代化进程中，成渝地区双城经济圈的人才培育工作必须坚持以人民为中心的发展思想。

（一）深刻理解成渝地区双城经济圈人才培育以人民为中心的价值取向

时刻关注人民的意愿，把最广大人民根本利益作为一切工作的出发点和落脚点，是中国共产党在领导开创和推进中国特色社会主义事业过程中始终坚持的根本理念，也是 40 多年来我国改革开放取得成功的根本原因。党的十八大以来，以习近平同志为核心的党中央面对新的时代条件和新的实践，坚持党的执政为民理念，一切工作以最广大人民根本利益为检验标准。党的十八大报告把"必须坚持人民主体地位"列在基本要求首位，同时提出"维护社会公平正义""坚持走共同富裕道路"，强调更好保障人民权益，更好保证人民当家作主，保证人民平等参与、平等发展权利，确保人民安居乐业。[1]

新的发展实践催生新的发展理论。当历史进入"十三五"时期，中共中央深刻分析我国发展面临的新情况新问题，认为这一时期仍是发展的重要战略机遇期，但诸多矛盾叠加，风险隐患增多，形势复杂严峻，发展任务繁重艰巨，要适应经济发展新常态，保持经济社会持续健康发展，必须树立和坚持正确的发展理念。"以人民为中心的发展思想"就是在确立新的发展理念的过程中提出来的。2015 年 7 月 20 日，中央政治局会议强调，发展理念是发展行动的先导，是发展思路、发展方向、发展着力点的集中体现，树立新发展理念，首先要解决为什么人、由谁享有这个根本问题。实现好、维护好、发展好最广大人民根本利益是发展的根本目的，必须把增进人民福祉、促进人的全面发展作为发展的出发点和落脚点。同年 10 月 12 日，中央政治局会议进一步明确指出，人民是推动发展的根本力量，必须坚持以人民为中心的发展思想，发展人民民主，维护社会公平正义，保障人民平等参与、平等发展权利，充分调动人民积

---

[1] 胡伯项、艾淑飞：《习近平以人民为中心的发展思想探析》，《思想教育研究》，2017 年第 1 期，第 28~32 页。

极性、主动性、创造性。由此，我国明确提出了"以人民为中心的发展思想"的新命题，也为国内区域发展的新发展理念定下了基调。

2015 年 10 月 26 日至 29 日，党的十八届五中全会审议通过了《中共中央关于制定国民经济和社会发展第十三个五年规划的建议》，将"坚持人民主体地位"作为第一条原则，规定："必须坚持以人民为中心的发展思想，把增进人民福祉、促进人的全面发展作为发展的出发点和落脚点。"在 2015 年 11 月 23 日，中央政治局第二十八次集体学习时，习近平总书记又进一步从理论的高度明确提出："要坚持以人民为中心的发展思想，这是马克思主义政治经济学的根本立场。""党的十八届五中全会鲜明提出要坚持以人民为中心的发展思想，把增进人民福祉、促进人的全面发展、朝着共同富裕方向稳步前进作为经济发展的出发点和落脚点。这一点，我们任何时候都不能忘记，部署经济工作、制定经济政策、推动经济发展都要牢牢坚持这个根本立场。"[①]

价值取向是先导，指导着正确的社会实践。只有价值取向的内核明确，成渝地区双城经济圈在社会主义现代化的实践过程中的人才培育工作才不会偏离以人民为中心的发展思想轨道或方向，才能更好地指引下一步的探索实践。因此，成渝地区双城经济圈人才培育必须准确把握以人民为中心的发展思想内核，即发展为了人民、发展依靠人民、发展的成果由人民共享，由此彰显出以人民为中心的价值取向。

（二）成渝地区双城经济圈人才培育着力践行以人民为中心的价值取向

2016 年 1 月，习近平总书记在省部级主要领导干部学习贯彻党的十八届五中全会精神专题研讨班上强调指出，"以人民为中心的发展思想，不是一个抽象的、玄奥的概念，不能只停留在口头上、止步于思想环节，而要体现在经济社会发展各个环节"[②]。这就明确了成渝地区双城经济圈人才培育"以人民为中心的发展思想"涵盖的内涵，即要坚持人民主体地位，顺应人民群众对美好生活的向往，不断实现好、维护好、发展好最广大人民根本利益，做到发展为了人民、发展依靠人民、发展成果由人民共享，以此分别回答发展的根本目的、根本动力和根本价值问题。

---

① 习近平：《论坚持全面深化改革》，中央文献出版社，2018 年，第 187～188 页。
② 习近平：《习近平谈治国理政》（第二卷），外文出版社，2017 年，第 213～214 页。

1. 发展为了人民——立足维护人才根本利益的立场，处理好发展与人才的关系

为谁发展，这是成渝地区双城经济圈对发展进行谋篇布局首要考虑的问题。发展为了人民，显然人民才是发展的基本立场和出发点。在社会经济可持续发展的背景下，人才作为十分重要的资源，可以推动区域经济的发展。

结合人才及区域经济的发展现状，在成渝地区双城经济圈处理好发展与人才之间的关系中，设置完善的人才管理结构，通过对经济发展的协调及人才管理方案的制定，发挥人力资源整合优势，推动成渝地区双城经济圈的稳步建设，需要做到以下几点：第一，应该将人才根本利益作为发展工作的重点，按照成渝区域性经济发展诉求，设置相应的人才培育与管理方案，为人才营造良好的发展空间；第二，由于人才及区域经济结构的差异性，在实际的人才管理中，应该立足于人才的专业性，同时结合区域经济结构的特点，进行各项资源的协调、统一，并逐步提升人才的主体地位，为成渝地区双城经济圈的稳步发展提供支持；第三，在人才培育过程中，应该融入丰富的区域发展理念，加大人才的培训力度，通过对人才资源的统筹、协调等，实现区域人才的均衡发展；第四，在区域经济发展中，将人才培育制度与人才合理分布作为重点，之后通过区域和谐建设及高质量发展，发挥人才资源整合优势，实现区域经济协调发展的目的。[①]

2. 发展依靠人民——引导高层次人才嵌入成渝产业群，以增强人才的根植性

党的十九大报告将"坚持以人民为中心"作为新时代中国特色社会主义基本方略的重要组成部分，强调发展依靠人民。区域经济发展依赖于各种生产要素的恰当组合。在知识经济社会和经济全球化、一体化的今天，知识和技能已经成为重要的生产要素，在优化产业结构、加快区域发展方面发挥着重要作用。人才作为区域经济发展的内生变量，在信息社会时代显得尤为重要，无论是物质资本、信息资本、还是货币资本，均需要人才资本的作用才能发挥效能，才能转化为推动区域经济发展的生产力。换言之，高层次创新人才是成渝地区双城经济圈发展的核心要素。但是，只有高层次创新人才的简单集聚，而

[①] 郭玉玺：《浅析人力资源管理与区域经济发展》，《商展经济》，2021年第15期，第109～111页。

没有带动相应的物质资本增值，就无法发挥高层次创新人才在成渝地区双城经济圈发展中的作用，显现不出高层次创新人才的重要价值。因此，正确地吸引、培养和使用高层次创新人才，调动其积极性，提高人力资本存量，增强人才根植性，使其在成渝地区双城经济圈发展中扮演不可替代的角色，是发展依靠人民的真实写照。

建立有效的人才激励机制，有助于提高人才从事创新活动的积极性，形成敢于创新、追求创新的社会氛围，进一步增强成渝地区双城经济圈的原始创新能力与持续发展能力。因此，要实现发展依靠人民，造就一大批高层次创新型人才，需要建立有效的激励机制。随着社会的发展，高层次创新型人才作为典型的知识型人才，由"外在主导型"的发展模式逐渐转向"自我主导型"的发展模式，具有极强的自主性、创造性等特点。[①] 目前，对高层次创新型人才而言，最为重要的激励措施包括：第一，根据人才科学发展的规律，尊重人才特点，设计合理的制度，体现"发展依靠人民"，真正实现"激活"高层次创新型人才的目的；第二，人才的根植性是实现发展的关键所在，在充分挖掘人才价值与区域发展协同化的生长因素的同时，有选择地引入高层次创新人才，积极嵌入成渝产业群，带动集群价值链升级；第三，为高层次创新型人才提供展示才能的事业舞台，寻求高层次创新型人才与成渝地区双城经济圈之间"价值共鸣、远景共建、事业共干、发展共求、利益共享"的合作纽带和利益共同体，建立良好的心理契约、情感契约、价值契约等；第四，营造宽容氛围，尊重人才个性，让一切创新源泉能够充分涌流。对于成渝地区双城经济圈人才培育机制来说，人才激励是一个永久开放的系统，要随着时代、环境、市场形式的变化而不断变化，由此实现成渝地区人才与产业集群的有机融合接轨，使发展依靠人民的思想更深入人心。

3. 发展成果由人民共享——加强人才配套服务体系建设，共享成渝地区发展成果

发展成果由人民共享，要求发展的目的、动力和成果分享都统一于人民。发展成果的分享是为了普惠于全体人民。这既要求利益共享，又要求各方共同参与建设。[②] 因此，社会应尽力创造条件，使人民能够充分发挥自身的潜能和

① 林泽炎：《我国人才激励和保障的战略思考与制度设计》，《中国人力资源开发》，2013年第7期，第6~9、16页。

② 魏志奇：《发展成果人民共享的理论建构》，《求实》，2015年第1期，第26~32页。

热情来参与社会贡献，并在此基础上促进个人的全面发展。简言之，发展成果体现的是共建共享核心观念，保障了个人的生存权和发展权，体现了以人民为中心的核心价值取向。发展成果人民共享要求发展成果要体现在保障人民的政治、经济、文化和社会权益各方面，要创造条件促进人的全面发展，并以此为最终目的。总之，发展成果由人民共享体现在满足人的需要、保障人的权益、实现人的价值、促进人的全面发展上。于成渝地区双城经济圈人才培育机制而言，要以建设共建共治共享的成渝地区双城经济圈为支撑，勇当人才共享发展成果的示范，让人才的获得感、幸福感、安全感都更加充实、更有保障、更可持续。因此，成渝地区需要以成渝地区双城经济圈建设为牵引，形成与优质人才生态相适应的科学规范、开放包容、运行高效的现代人才发展治理体系，建立完善一流的人才服务保障体系，努力激发广大人才的积极性和创造性，在大力建设成渝双城经济圈的行动中形成人人参与、人人尽力、人人共享的生动局面。

首先，发展成果由人民共享应进一步深化人才发展体制机制改革。体制机制顺，则人才聚、事业兴，为了充分整合成渝地区人才服务资源，各相关部门必须坚持密切协作，各负其责，严格按照服务专岗运行的流程和要求，高效率、高质量地完成各项审批和服务工作。同时两地各部门要坚持服务至上，主动与各类人才加强联系，听取他们的意见建议，解决他们的实际困难，简化办理流程，确保服务措施不断完善，让各类人才引得进、育得强、留得住、用得好。

其次，发展成果由人民共享应不断优化人才专门服务。要建设各类人才综合服务平台，细化保障措施，实行"一站式"专窗服务，提供包括人才认定、配偶就业、子女就读、医疗保障、税收优惠、科研项目申报等方面的服务，为各类人才开辟专门的"绿色通道"，提供便捷高效的"直通车"服务。[①]

最后，发展成果由人民共享应将后续服务作为可持续引智的保障。在创业环境不断变化的新形势下，不仅要努力提供基本层面的生活、生产、科研等配套服务，更需提升服务层次，完善服务机制，建立起一系列具有人文关怀的激励留人制度。于高层次人才而言，事业的发展、人格的尊重、环境的宽松都格外重要。为此，成渝地区双城经济圈人才培育机制不仅要以求贤若渴的诚意引进人才，更要营造宽松和谐的创业环境、学术氛围，给予持续的人文关怀，帮

---

① 本报评论员：《完善人才服务保障体系　着力打造区域人才集聚地》，《芜湖日报》，2021 年 8 月 24 日第 1 版。

助人才成长进步。新时代的成渝地区双城经济圈正在发展成果由人民共享的思想指导下，致力于厚植人才的成长沃土，让各类人才共享成渝地区发展成果。

二、坚持以科技创新为核心的全面创新

发展是第一要务，人才是第一资源，大力推动成渝地区双城经济圈建设，离不开人才的支撑。如何高质量完成成渝地区双城经济圈建设的目标任务，人才资源作用的发挥至关重要。国家高度重视成渝地区双城经济圈科技创新，2021年2月，科技部正式印发《关于加强科技创新促进新时代西部大开发形成新格局的实施意见》，明确提出支持成渝科技创新中心建设。同时，在四川、重庆两地2021年政府工作报告中，两地政府都将《成渝地区双城经济圈建设规划纲要》的落实作为重中之重，强调要在共推重大项目、共建重大平台、共抓重大改革、共谋重大政策，协同推动交通建设、产业发展、科技创新、对外开放、毗邻合作、生态建设、公共服务等方面取得突破。为此，成渝两地要以中央政策为契机，通过科技创新体制突破原始创新能力，做大双城经济圈人才蓄水池，抢占高端人才发展制高点，以实干实绩为成渝地区双城经济圈建设提供有力的智力人才支撑，助推成渝地区双城经济圈建设取得新进展。

（一）建立科技创新体制的背景

当今世界，各国之间的竞争越来越表现为科学技术和人才的竞争。科技的发展、知识的创新，越来越决定着一个国家、一个民族的发展进程。创新是不断进步的灵魂。自古以来，中华民族就具有自强不息、锐意创新的光荣传统，如果不能创新、不去创新，一个民族就难以发展起来，难以屹立于世界民族之林。新中国成立特别是改革开放以来，党中央制定和实施了一系列重大方针政策，将建设创新型国家作为国家发展战略工作的重中之重，提高自主创新能力已摆在人才工作的突出位置。跨世纪之初，党中央不断推进理论创新和实践创新，全面创新了党的人才思想，提出要大力实施素质教育，培养创新型人才，即科教兴国，创新为本。创新，最根本的一条就是要靠教育、靠人才。培养同时代潮流和现代化要求相适应的大批人才，不断开拓新的科学研究领域，是关系中国的发展前景和国际地位的百年大计。[①] 在提出科教兴国战略的基础上，以江泽民同志为核心的党中央继承了邓小平同志的"教育基础论"和"科技关

---

① 吴恒权：《必须紧紧围绕经济建设中心　坚定不移实施科教兴国战略》，《人民日报》，1998年4月30日第1版。

键论"，再次强调了创新型人才的重要性，认为创新是民族进步的灵魂，是国家兴旺发达的不竭动力，也是政党永葆生机的源泉。各方面工作的创新，归根结底有赖于各类人才的开创性工作，而人才的本质在于创新，因此需要按照人才成长的规律和特点，大力培养"高素质创新型人才"。彼时，中国正处在建立社会主义市场经济和实现现代化建设战略目标的关键时期，面对新的形势，1999 年 6 月 15 日全国教育工作会议指出："必须坚定不移地实施科教兴国的战略，大力提高全民族的思想道德和科学文化素质，提高知识创新和技术创新能力，密切教育与经济、科技的结合，加快实现经济增长方式和经济体制的根本转变。"[①] 在新的历史时期，党中央引领全党以提高人才创新能力为标志，紧紧围绕"抓住机遇，深化改革，扩大开放，促进发展，保持稳定的大局"的思想，将改革与发展带入了一个崭新的阶段。

而在当前开启社会主义现代化建设新征程的关键时期，要准确把握科学技术是第一生产力、创新是引领发展的第一动力、人才是第一资源的重要要求；准确把握把科技创新摆在国家发展全局核心位置的重要要求，在工作布局、组织领导、发展路径、财力保障上下功夫，推动科技创新迈出新步伐；准确把握加快科技自立自强的重要要求，打好关键核心技术攻坚战，将创新主动权、发展主动权牢牢掌握在自己手中。此外，经济全球化以及新一轮科技革命促使一系列重大科学发现和技术发明正在以更快的速度转化为现实生产力，经济结构和发展方式发生着根本性的转变，科技创新与人才成为经济发展的主要源泉。以创造性的人才资源为依托，以科技创新为基础，是当下全球竞争的主要战略之一。科技创新也逐渐成为区域发展和制胜的关键，进一步成为国家间综合国力竞争的重要砝码。但我们也要清醒地看到，当前我国科技创新能力和人才发展总体水平与世界先进水平相比仍有较大差距，特别是高层次科技创新人才匮乏，而高层次创新人才是我国人才队伍的核心，对于加强整个人才队伍建设具有重要的引领和带动作用。开创中国特色社会主义事业新局面的现实迫切要求成渝地区双城经济圈人才培育建立科技创新体制，切实做好新形势下的人才工作，加快建设人才强国。

---

① 刘振英、刘思扬、尹鸿祝等：《国运兴衰系于教育　教育振兴全民有责》，《人民日报》，1999年 6 月 16 日第 1 版。

（二）建立科技创新体制的总体构想

强化组织保障。一是坚持党管人才原则，以用为本，深化成渝地区双城经济圈人才培育机制的内部改革，进一步明确创新定位；二是强化高层次创新人才梯队的建设；三是用好地方激励政策，成渝地区双城经济圈要加强人才、企业、高校的对接，通过共建协同创新平台等方式，共建共享创新资源；四是建立科技创新督导机制，确保人才培育政策全面兑现。

强化队伍建设。一是加强创新人才梯队建设，注重实用青年科技骨干；二是加大国际交流合作力度，积极申请引进国外智力项目和基地；三是统筹增量向创新效能高的国家科技计划重大项目、重点研发专项的项目负责人及承担核心技术攻关任务的科研骨干倾斜，加大对领衔创新任务科研人员的激励。

强化成果转化。一是明确成果转化激励导向，研发单位转化科技成果所获得的收入全部归本单位支配，主要用于技术工程化、市场化研发及人才奖励；二是鼓励采取多种转化模式，研发单位应积极探索符合科技成果特点和本单位实际的转化机制和创新模式，重奖业绩突出的创新人才，充分激励主体业务实践中的创新人才。

强化宣传推广。一是加大创新人才宣传激励，加大对技术创新突破点、研发过程中科研人员科学求索精神的宣传力度；二是加强创新人才情感关怀，建立创新人才成长跟踪联席机制，了解科研人员诉求，尽可能为其创造条件，关心身心健康等。

建立高起点。挖掘成渝双城发展潜力，强化区域人才合作，大力推行首席专家制，进一步发挥高层次创新人才的作用，形成区域整体优势，努力创造高层次创新人才不断涌现的新局面。

坚持重能力。高层次科技创新人才支撑着成渝地区双城经济圈的科创中心建设，需要充分发挥成渝科教资源丰富的优势，加强与产业结合；建立科学合理的科技创新人才评价标准，将解决国家重大需求的科技问题和实践难题的创新贡献作为首要评价标准，客观评价学术业务的质量和水平。

不断求创新。为了适应新的发展需要，成渝地区双城经济圈人才培育必须坚定不移地扩大创新步伐，继续巩固和发挥其科技创新优势；同时，激发人才创新活力，增强科技创新竞争力，健全以创新能力为导向的科技人才评价体系。

三、坚持全球视野的创新观念

当今世界，创新竞争日益激烈，创新具有鲜明的世界性和时代性，必须要有全球视野，把握时代脉搏。2016 年，全国科技创新大会提出到新中国成立100 年时我国成为世界科技强国的目标。习近平总书记在会上表示："在传统国际发展赛场上，规则别人都制定好了，我们可以加入，但必须按照已经设定的规则来赛，没有更多主动权。抓住新一轮科技革命和产业变革的重大机遇，就是要在新赛场建设之初就加入其中，甚至主导一些赛场建设，从而使我们成为新的竞赛规则的重要制定者、新的竞赛场地的重要主导者。"① 为此，成渝地区双城经济圈需跟随中央政策的步伐，牢固树立全球视野的创新观念。而树立全球视野的创新观念就必须拥有大批既拥有国际视野，又具备应对全球竞争专业知识的人才。因此，培育和吸纳大批优秀的全球视野创新人才，就成为成渝地区双城经济圈人才培育机制的关键工作之一。只有这样，成渝地区双城经济圈才能在新时代科技创新发展中加强与世界创新力量的沟通与交流，为中国实现科技创新事业发展的"三级跳"作出贡献。

（一）树立全球视野下创新观念的现实动因

科技是国家强盛之基，创新是民族进步之魂。党的十八大以来，以习近平同志为核心的党中央高度重视创新，并在全球视野下着眼于国内外发展形势和人类社会发展所面临的新挑战，相应地提出了一系列创新观念的论述，进一步为坚持中国特色人才培育的创新道路提供了行动指南。当前阶段，新一轮科技革命和产业变革方兴未艾，国家间创新竞争日益激烈。可见，树立全球视野的创新观念是时代发展的选择，成渝地区双城经济圈人才培育必须紧跟时代的步伐，把握好当今世界发展的脉络与需求，依靠创新能力推动区域经济的发展。

1. 全球新一轮科技革命和产业变革的持续发展局面

成渝地区双城经济圈亟须应对好全球新一轮科技革命和产业变革的持续发展局面。纵观全球科技创新发展趋势，许多国家都掀起了创新浪潮。尤其是21 世纪以来，生产力发展水平达到了前所未有的高度，全球性创新步伐不断加快，新科技如信息技术、智能技术、生物技术以及能源技术等的大量研发和

---

① 习近平：《在中国科学院第十七次院士大会、中国工程院第十二次院士大会上的讲话》，《人民日报》，2014 年 6 月 10 日第 2 版。

应用，对社会发展进步产生了重要作用，同时这些技术成果正在迅速成为产业发展的核心依托，进而使创新活动不断彰显时代特征。① 中共中央关于创新观念的系列论述正是在这新一轮科技革命和产业变革的现实条件下所提出的，是中国应对当前国际科技革命和产业变革所做出的积极反应。因此，成渝地区双城经济圈需努力把握好全球新一轮科技革命和产业变革的机遇，在创新发展中寻求其新的规律和新的趋势，不断推动科技创新。

2. 创新和经济的一体化发展

成渝地区双城经济圈亟须依靠创新实现区域经济发展。从全球的发展状况来看，各个国家和地区的创新发展都与其经济发展存在着紧密联系，创新能力的提升使生产力水平得到显著的提高，产业结构得以持续优化升级，社会经济快速发展。创新能够为经济建设赋予强劲动力。2020 年，习近平总书记在经济社会领域专家座谈会上的讲话中指出，"以科技创新催生新发展动能。实现高质量发展，必须实现依靠创新驱动的内涵型增长"②，进一步阐明了创新与经济之间的紧密联系。

3. 中国经济发展进入新常态

随着我国进入高质量发展阶段，经济发展进入新常态，人民生活水平日益提高的同时也凸显出当下创新供给不足、高端人才缺乏创新能力与高质量发展要求不相适应的矛盾。同时，中国开始向第二个百年奋斗目标进军，但高成本、低产出的粗放型发展会使资源环境承载力逼近极限，低端产出过剩而中高端供给匮乏将会导致有效需求无法满足等问题更加突出，中国未来发展将更加注重质量和效益。③ 成渝地区双城经济圈也是如此，需要与之相适应的创新工作来开启新的建设征程。

（二）树立全球视野的创新观念的总体思路

1. 聚集国内国际人才，加快创新人才队伍建设

目前，我国人才规模质量现状与建成创新强国目标之间仍存在着一定差

---

① 丰玲：《基于全球视野下对我国科技创新论述的再认识》，《财富时代》，2021 年第 7 期，第 209~210 页。

② 习近平：《在经济社会领域专家座谈会上的讲话》，《人民日报》，2020 年 8 月 25 日第 2 版。

③ 王增福：《从问题导向把握新发展理念》，《光明日报》，2021 年 2 月 22 日第 11 版。

距，要聚集国内国际人才，构建创新人才队伍。这就要求成渝地区双城经济圈做到以下两点：一方面，积极完善人才培养体系，培养国际一流创新人才，通过学术期刊、学术论坛等交流平台，使广大科研人员深入了解国际最新科研成果，提升创新创造能力；另一方面，大力实施开放的人才引进政策，引进海外高层次创新人才，重点引进新兴技术、关键技术领域的科技创新领军人才，同时创造具有竞争力的物质条件和科研环境，完善海外人才在成渝地区创新创业的支持政策，充分发挥其才干。

2. 推进科技创新战略规划，积极融入全球科技创新网络

一要坚持实施创新驱动发展战略，推动以科技创新为核心的全面创新。当前成渝地区双城经济圈的建设面临着双重任务，既"要跟踪全球科技发展方向"，又"要坚持问题导向"，不仅要抓住全球科技发展前沿，也要立足成渝地区实际发展现状，着力解决现实问题。二要提升原始创新能力，加强基础研究。成渝地区双城经济圈需要加强源头创新，以超前意识和创新自信，抓住时机、大胆探索。三要以系统眼光谋划科技创新，完善国际合作战略。在找准成渝地区双城经济圈提升创新能力的发轫点和突破口之后，进一步加强区域间科技创新交流互动。成渝地区双城经济圈要在对外开放中转变观念、改进措施，设立面向全球的创新组织和创新基金，使成渝地区成为科技创新的舞台。

3. 积极加强风险防范管理，推动科技创新体制稳定发展

在当前全球科技创新空前活跃的形势下，科技创新活动的主体多元性、成果转化高速性、竞争全球性等特点使得其具备不少风险性。其中，海量科技数据的实时性、复杂性与全球科技创新人才的流动性、频繁性也导致系统性风险发生概率增加，同时使得传统科技监管能力较为乏力。毕竟，在科技创新过程中的风险不仅会使科技创新的难度增加，甚至还会导致创新失败。为此，这需要成渝地区在树立全球视野的创新观念过程中重视科技创新的风险防范，可通过契约式、市场式、政府式等多种风险分配途径，使得各类科技创新行动主体对风险进行伦理与法律的归责，从而对科技创新实现有效性、必要性、"责任可达性"的风险防控措施，具体如打造智能风险防范与管理体系、创建网络和数据安全保护体系等。科技创新活动不可能终止，成渝地区要做好科技风险治疗，并建构"和谐"的科技发展观，以期实现科技创新体制稳定发展。

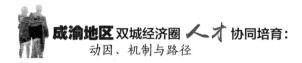

（三）树立全球视野的创新观念需要国际化人才

创新的核心要素来自人才，特别是高层次的科技创新创业人才和技术人才。创新驱动实质上也是人才驱动，人才要素贯穿创新活动的全过程，直接参与到知识、技术和产品的创造与更新的每个环节。改革开放以来，中国经济高速发展，在经济规模与总量居于世界前列、国际影响力日渐提升的同时，国际社会也赋予中国更多的责任与希冀，使得中国对国际化人才的需要愈加迫切。构建人类命运共同体，为国际社会提供更多的中国智慧、贡献更多的中国力量，就需要培养一大批既熟悉中国国情又熟悉国际规则的、具备全球视野的国际人才。21世纪以来，国家便把吸引海外高层次人才作为人才队伍建设的重中之重。伴随着改革开放和社会主义现代化建设波澜壮阔的历史进程，中国先后出现了一波又一波的"留学热"与"回国潮"。我国始终坚持"支持留学、鼓励回国、来去自由"的方针，按照"拓宽留学渠道、吸引人才回国、支持创新创业、鼓励为国服务"的要求，鼓励留学人员回国工作或以适当方式为祖国服务。① 此外，各地各部门也围绕国家重大战略和重点项目，采取团队引进、核心人才带动等方式，大力引进海外优秀人才，同时不断优化创业环境、完善政策措施，极大地调动了"海归"们的创业热情，为广大出国留学人员回国工作和为国服务搭建了平台。目前，成渝地区虽然在国际化人才培养方面做了大量的工作，并取得了一定的成果，但是由于系统培养国际人才的工作起步较晚，部分人才创新能力有待加强，在积极参与国际交流、疏通成渝本地机构与国际组织之间的用人渠道等方面还需要做更多的工作。

1. 推动建设具有世界水平的国际化人才集聚机制

国际化人才的培养，离不开完整系统的人才集聚机制。目前成渝地区双城经济圈人才集聚机制尚未完善，培养国际化人才，需要成渝地区政府重视国际化人才集聚机制的建设，完善集聚体系，设计和打造创新型、复合型、全方位的国际化人才集聚机制。同时积极开拓与其他国家、国际组织的交流合作，促进国际化人才资源的有效对接，让更多人才接触到更多国际组织的学术资源和实践机会，扩展全球视野。

---

① 《人力资源社会保障部关于加强留学人员回国服务体系建设的意见》，http://www.gov.cn/gongbao/content/2011/content_1967424.htm。

2. 注重国际化人才的培养与使用环节

从构建人类命运共同体的全球视野出发，既要重视国际化人才的培养，又要重视国际化人才的使用。成渝地区双城经济圈应根据国际组织选拔人才的要求，有针对性地培养人才的相应素质，以适应国际组织的需求，并深化与国际组织的合作，寻求更广阔的人才互动空间。同时，围绕重点领域和重点行业发展的需求，为中国倡议和建立的各种区域性全球性组织提供后备创新人才，给予国际化人才参与亚洲基础设施投资银行、金砖国家新开发银行等组织工作的机会，形成产学研一体化的新路径。

3. 疏通国际组织与国内机构用人互动机制

成渝地区双城经济圈一方面可积极为国际组织选拔输送专业人才；另一方面把国际组织作为培养国际化创新人才的实践平台，使人才经过国际组织实习和工作的历练，成为具备全球视野、熟悉国际形势的综合型、复合型国际化人才，再回归、充实到成渝地区相关机构。在全球化新时代，成渝地区双城经济圈可通过疏通国际组织与国内机构用人互动机制，全方位推进国际化人才交流与合作。

第三章　成渝地区双城经济圈人才协同培育机制分析

第一节　分析基础：成渝地区人才协同培育要素

一、要素的概念

"要素"是构成一个客观事物的存在并维持其必要运动的最小单位。它的概念起源于系统论，指组成系统的基本单元，是描述客观世界中的具有共同特性和关系的一组现象的抽象。此外，要素相对它所在的系统是要素，相对于组成它的要素则是系统，能在系统中相互独立又按比例联系成一定的结构，并在很大程度上决定系统的性质。在系统论中，研究对象或研究问题将被视为一个系统整体，通过横向或纵向的观察来发现系统中所蕴含的结构、特点、规律、动态变化、行为诱因等要素。系统性剖析思维不仅运用于数理类问题，还运用于经济学、管理学甚至社会学领域。其中，要素作为研究对象或研究问题系统中的基础"细胞"，通常影响着系统整体的行进方向、效力表达、运作流程、行为特征等方面，因此常作为预测走向、解释结果、剖析问题的关键节点。同时，作为"分子"的要素，其内部还有"原子"等更微小的成分影响着要素本身的效力作用、方向定位。这意味着，要素是能灵活变动的且能随之调整而影响系统整体的。由此看来，要素的协同性是系统整体性和最优化的必要条件，如何调整则是整体系统优化的关键。

当前，成渝地区双城经济圈亟须解决的是成渝地区经济社会的可持续发展问题，即成渝地区应如何运用、协调、优化各要素以达到成渝地区双城经济圈整体性发展的最优化。人才，是 21 世纪最重要的战略资源，也是成渝地区创新发展的第一要素，在成渝地区双城经济圈的建设过程中发挥着关键性作用。

人才协同培育要素，简单来讲就是影响人才发展的重要因素，是人才协同培育系统中的重要组成部分，是人才协同培育系统运作的基础"细胞"。人才协同培育概念是较为宽泛的，它既可以指个人层面的成长进步，也可以指国家、社会层面的整体人才水平提升。因此，对人才系统的界定并不统一，其内容范围是由研究对象的情况而定的。人才协同培育要素的概念也就由此具备多层次的内涵解读：在宏观上，人才协同培育要素是指影响国家或地区人才数量、结构、能力水平等指标改变的重要条件，或者说作用于整体人才协同培育的各方因素（例如社会文化、政策环境、城市建设、科研氛围等）。在微观上，人才协同培育要素是指影响人才成长发展的内外部因素，内部因素指人才的个人能力、心理与身体健康情况等，外部因素指人才协同培育过程中的直接接触环境（例如家庭环境、学习环境、工作环境等）。二者的区别在于：宏观上更注重整体人才结构的调整，微观上更注重人才本身的发展。其目的导向不尽相同，但却存在紧密联系。

人才协同培育要素与时代结合又具备其独特的内涵。在知识经济时代，人才即资本，是社会经济发展的核心和关键。从宏观层面来看，人才协同培育要素作为创新的主体，是地区经济发展中最为重要的资源要素，也是促进地区科学技术进步以及提高城市竞争力的中坚力量；从微观层面来看，人才协同培育要素则是人才个体、企业、高校及区域发展的基本前提，更是企业、高校及区域科技创新发展的必要条件。尽管人才协同培育要素已得到成渝地区的重视，但是以往成渝地区的主要发展方向在于人才协同培育要素的投入量，而非人才协同培育要素的质量与效率，并且鲜有基于协同视角聚焦人才协同培育要素的相关规划。只有以人才协同培育要素为主体才能真正化解"重引进轻培育"的成渝地区发展困境，增强成渝地区人才"内育效应"，促进人才引进质量、配置效率、培育成效和使用效益的提高，从而真正推进成渝地区双城经济圈的人才发展，确保成渝地区双城经济圈的高质量发展。

不论是中央政府、地方政府，还是组织、企业等团体，人才协同培育既是宏观问题，也是微观问题。宏观问题与微观问题的形成条件息息相关，两者具有人才协同培育要素的统一性，对成渝地区双城经济圈的发展有显著作用，其结果更是环环相扣。因此，本书认为在探讨人才协同培育要素的内容时需同时关注政策规划、社会环境此类整体系统与个人能力、自我管理等子系统。换言之，人才协同培育要素的内涵既应当包括宏观要素上的社会文化、政策环境等，也应当包括微观要素上的人才个人能力、自我管理。于成渝地区双城经济圈而言，要实现人才协同培育要素的利用最大化，需兼顾对人力资本的协调、组织、完善等宏观管理与对人才本身的引进、激励、培育、保障等微观管理。因此，成渝地区双城经济圈人才协同培育机制的建立，需实现对人才协同培育要素的良好把控，按照人才成长规律完善人才培育机制，分层次厘清人才协同培育要素的具体内涵。

二、人才协同培育要素的内涵

（一）宏观层面：理念宗旨与组织架构

欲盖之高楼，先垒其基筑。成渝地区双城经济圈的人才协同培育是一项庞大复杂的系统性工程，涉及政府、企业、高校、新闻媒体、社会大众等多方参与主体，如何保持有序运行则需要依靠多方参与主体"劲往一处使"，更需要多方参与主体"心往一处想"。因此，成渝地区双城经济圈人才协同培育要素的第一要义便在于树立理念宗旨、搭建组织架构，其中，组织架构是实现成渝地区双城经济圈人才协同培育系统长效稳定运行的重要基础。具体而言，理念宗旨与组织架构同属于人才协同培育的宏观要素内容，前者是人才协同培育方向的指引，后者是人才协同培育系统运行的核心。

1. 人才协同培育的理念宗旨

要知道，成渝地区双城经济圈人才协同培育的理念宗旨并不是"脑袋一拍"的随意想法，而是中央政府及成渝地区各级政府在时代背景与远景目标的指引下，结合现实情况与发展需求所提出的战略核心要义。在成渝地区双城经济圈人才协同培育工作的顶层设计中，理念宗旨通常突出表现于纲要、规划性文件以及合作协议之中，内容一般涵盖人才协同培育的总体目标、预期成果、基本路线、重点建设方向等。理念宗旨所概述的成渝地区双城经济圈人才协同培育总体要求与目标方向，既有"指明灯"的引导意义，又有"划线"的规范作用，并渗透于成渝地区双城经济圈建设的各阶段层次中。于成渝地区双城经济圈人才协同培育机制而言，树立正确、科学的理念宗旨，能够有效发挥其目标导向性和规范引导性作用，成为成渝地区坚固有力的"大厦之基"。

为此，成渝地区双城经济圈人才协同培育的理念宗旨应遵守以下五项基本原则：一是爱国爱党原则。人才协同培育要以爱国为根本要求，以习近平新时代中国特色社会主义思想为指导，全面贯彻党的十九大和十九届二中、三中、四中、五中全会精神，坚持党中央集中统一领导①，以党管人才为基本原则，牢记人才协同培育的初心在于报效祖国、报效人民，要铭记初心、牢记使命。党的百年奋斗历程也充分证明了，坚持和加强党的领导是人才工作最根本的政治优势，也是最重要的成功经验②。二是以人为本原则。人才协同培育工作要注重人才的个人发展，党的十九大报告提出："人才是实现民族振兴、赢得国际竞争主动的战略资源。要坚持党管人才原则，聚天下英才而用之，加快建设人才强国。实行更加积极、更加开放、更加有效的人才政策，以识才的慧眼、爱才的诚意、用才的胆识、容才的雅量、聚才的良方，把党内和党外、国内和国外各方面优秀人才集聚到党和人民的伟大奋斗中来。"③唯有遵循人才发展规律、尊重人才自主创新能力、保障人才成长所需，才能形成人性化、人文化、人本化的人才协同培育制度环境。三是服务整体发展、响应时代需求的原则。立足现实环境，人才协同培育的理念宗旨应当与成渝地区双城经济圈的整体战略定位相辅相成，应以构建更好的人才资源服务地区整体发展、组建有力的人才队伍来响应时代号召为目标，在科技进步、产业调整、经济发展等方面积极配合成渝地区双城经济圈的整体发展趋向。四是可持续发展原则。人才资源的流动受经济环境、政策条件、科研场域、生活质量等多方面因素的综合影响，在推进成渝地区双城经济圈人才协同培育工作中也要认识、遵循、运用好人才资源的流动规律，在流动与发展的规律中把握其同一性，最终形成长效可行的人才协同培育道路。五是改革创新原则。人才协同培育不能脱离人才制度的改革，成渝地区双城经济圈作为西部地区汇聚高层次人才的重要阵地，能否留住、培育、发展好人才并使其发挥更大的作用，关键在于一流的人才发展环境与人才协同培育生态。因此，坚持改革与优化人才协同培育制度，能为人才提供更加优良的成长环境，进而实现人才资源效能的最大化，为成渝地区双城经济圈深化人事制度改革，完善人才评价、激励、管理服务等体制机制提供重要理念遵循。

2. 人才协同培育的组织架构

组织架构是人才协同培育的核心骨干，是中央与成渝地区政府根据打造具有全国影响力的科技创新中心这一战略定位目标与唱响"双城记"这一总体要

---

① 《中共中央 国务院印发〈成渝地区双城经济圈建设规划纲要〉》，http://www.gov.cn/gongbao/content/2021/content_5649727.htm.

② 邱水平：《做好新时代人才工作的高校答卷》，《红旗文稿》，2021年第21期，第4～7页。

③ 沈传亮：《百年大党的17个关键词》，人民出版社，2021年，第127页。

求组建来的，包括中央、成渝地区双城经济圈规划区域所属的地方政府在内的参与主体的"网络"。这一"网络"的端点、节点则是人才协同培育工作中不同层面的主要负责人，例如人才引进吸纳层面、人才资源对接层面、人才激励培育层面、人才服务保障层面等负责的主管部门、机构或组织。同时，组织架构"网络"中的节点间连线代表着每个层面所属负责群体之间的内在关系与作用路径，例如由上至下的调配指挥、不同层面领域的相互配合等。正是众多参与者互动产生的相互作用，才推动了成渝地区双城经济圈人才协同培育工作的基本运行，为人才协同培育机制的推进提供了源源不断的动力。此外，良好的组织架构能够保障人才工作的思想准确、目标一致、行动统一，同时能够实现各个参与主体齐头并进、协作与共，使得成渝地区双城经济圈的人才协同培育系统得到有序运行，人才协同培育机制也能实现全面有效推进。

成渝地区双城经济圈建设的组织架构，有着中央与地方、地方与地方之间的多向联系，具体表现为中央政府的战略部署与地方政府的行动响应、地方政府与地方政府间的交流合作。成渝地区双城经济圈建设战略于 2020 年 1 月 3 日中央财经委员会第六次会议明确提出，会议听取了国家发展和改革委员会、重庆市、四川省关于推动成渝地区双城经济圈建设问题的汇报，并指出成渝发展的战略价值地位与目标要义。2020 年 10 月 16 日，中共中央政治局召开会议审议《成渝地区双城经济圈建设规划纲要》，习近平总书记主持会议，会议要求"成渝地区牢固树立一盘棋思想和一体化发展理念，健全合作机制，打造区域协作的高水平样板"[①]。2021 年 10 月 20 日，中共中央、国务院印发的《成渝地区双城经济圈建设规划纲要》正式发布，提出要强化重庆和成都中心城市带动作用，推动成渝地区形成有实力、有特色的双城经济圈，打造带动全国高质量发展的重要增长极和新的动力源。[②] 可以说，成渝地区双城经济圈建设战略始终蕴含着以习近平同志为核心的党中央对我国全面发展的长远谋划，以及对成渝地区发展的深切关怀和殷切期望。同时，成渝地区各级政府围绕"共建经济圈"的一致目标，所建立起协同合作、共创共赢的友好关系也是成渝地区双城经济圈人才发展组织架构的重要组成部分。成渝地区多次商议地区发展的重要问题，并数次举办川渝党政联席会议，共同部署落实成渝地区双城经济圈建设的发展方向、规划项目、重点工作等事宜。在此过程中，成渝地区

---

① 《中共中央政治局召开会议审议〈成渝地区双城经济圈建设规划纲要〉 中共中央总书记习近平主持会议》，《人民日报》，2020 年 10 月 17 日第 1 版。

② 《中共中央 国务院印发〈成渝地区双城经济圈建设规划纲要〉》，http://www.gov.cn/gongbao/content/2021/content_5649727.htm。

各级政府积极响应中央与上级政府的号召，就成渝地区双城经济圈建设的区域协同、产业规划等多批项目进行了深度的交流与探讨，共同为实现成渝协同高效发展的美好愿景出谋划策。

综上可见，成渝地区双城经济圈人才协同培育需把握好人才发展这一核心要素，在宏观层面应坚持人才工作的理念宗旨，夯实人才系统工程的组织架构，这不仅是推进成渝地区双城经济圈人才协同培育机制长效稳定运行的重要基础，更是唱好"双城记"、共建经济圈的坚实保障。

（二）中观层面：政策支撑与社会环境

人创造环境，同样，环境也创造人。换言之，人才发展离不开外力作用，离不开政策支持、社会文化、制度规则、工作氛围、家庭情况等多角度的外界影响。正如上文关于人才协同培育要素的概念中所阐述的，人才协同培育工作不仅关乎宏观调控，更聚焦于人才协同培育的子系统——人才协同培育的规律与人才需求、人才生态环境与服务保障等中观层面。因此，在坚持贯彻理念宗旨与夯实组织架构的前提下，中央及成渝地区也应以政策为主要实施路径，逐步形成吸引人、培育人、留住人、用好人的人才协同培育环境，逐步营造敬才、爱才、识才、用才的社会文化。

1. 人才协同培育的政策支撑

通常而言，政策是指政党或国家在一定历史时期为实现一定的纲领和任务而做出的关于行动方针和准则的指导性、规范性的规定。[①] 政策的内涵是十分丰富的，它以权威机构所颁布的官方文件为主要表现，内容上既包括具有支配作用的纲领、规章、决定、命令等，也包括具有指导意义的意见、批复等，还包括具有行政沟通效益的请示、函等，以及具有知照性的公告、通告等。可见，政策不仅是权威组织实施管理措施的常用工具，也通过各种方式影响人民生活的方方面面。因此，对成渝地区双城经济圈人才协同培育要素而言，其政策支撑则是指中央及成渝政府通过政策的制定、颁布与实施来推动人才协同培育工作的有序进行，实现人才协同培育的总体目标。人才协同培育政策是人才协同培育中不可替代的部分，是成渝地区人才战略从规划设计到落地实施的重要工具，充当着双城经济圈"大厦"中的一砖一瓦。因此，成渝地区双城经济

---

① 陆庆海：《直击十九大报告——从制度的层面提高社会治理》，《赤峰学院学报（汉文哲学社会科学版）》，2018 年第 1 期，第 13～15 页。

圈人才协同培育的各项政策既需要遵循理念宗旨、贴合组织架构，也需要依据成渝地区实际情况来制定。

自 2020 年 1 月 3 日中央财经委员会第六次会议明确推动成渝地区双城经济圈建设以来，中央及成渝地区双城经济圈所规划区域的地方政府出台了多项人才发展相关政策、规划（见表 3-1），表明成渝地区双城经济圈人才发展工作已上升到国家战略层面。

表 3-1　2020—2021 年国家及地方政府层面人才发展相关政策、规划

时间	发布单位	政策、规划	要点
2020 年 1 月	中央财经委员会	成渝地区双城经济圈建设	作出推动成渝地区双城经济圈建设、打造高质量发展重要增长极的重大决策部署。
2020 年 4 月	四川省委组织部、重庆市委组织部	《成渝地区双城经济圈人才协同发展战略合作框架协议》	努力将双城经济圈建成具有全球竞争力的高端人才集聚区、产才融合发展示范区、青年人才荟萃区和体制机制改革先行区。包括共同争取中央国家部委支持、积极推进政策制度协同、协同开展引才育才、加快搭建协同培育载体 4 个方面共 13 项具体措施。
2020 年 4 月	四川省人力资源和社会保障厅、重庆市人力资源和社会保障局	《共同推动成渝地区双城经济圈建设川渝人力资源和社会保障合作协议》	在优化人力资源市场要素配置、推进公共就业创业服务协同、深化农民工服务保障协作、推进社会保险服务协同、推进技能人才培养协作、推进专业技术人才工作协同、推进人社重大公共政策及保障措施协同等 7 个方面开展合作。
2020 年 5 月	成都市人才服务中心、重庆市人才交流服务中心	《人才服务工作协同发展合作协议》	重点聚焦成渝地区人才互动、平台共建和服务共享目标，推动两地人才网站联通、人才平台共建、人才资源共享、人才活动联办，加快推进人才服务协同，为成渝地区经济社会高质量发展提供人才服务保障。
2020 年 6 月	四川省委、四川省人民政府	《关于加快构建"4+6"现代服务业体系推动服务业高质量发展的意见》	实施人力资源服务提升工程，建立成渝地区双城经济圈人力资源服务产业园联盟，打造成德眉资人力资源协同培育示范区；推进成都国家级人力资源服务产业园和一批省级人力资源服务产业园建设。

时间	发布单位	政策、规划	要点
2020 年 7 月	四川省人力资源和社会保障厅、重庆市人力资源和社会保障局	《成渝地区双城经济圈建设川渝两地统一人力资源市场准入管理协议》	携手在人力资源场景应用、区域人才互动合作、产业协同培育等方面深度合作，跨区域人才互动，产业互通，人才培育，搭建跨界共享的人力资源服务共享平台，以人力资源协同培育促进区域协同培育。
2021 年 5 月	四川省人力资源和社会保障厅、重庆市人力资源和社会保障局	《川渝事业单位人事管理工作战略合作协议》《大力推进川渝人社公共服务"十件实事"合作协议》	成渝地区将在事业单位的等级晋升制度、考试命题、人才管理和引进方面展开合作，将推进搭建引才平台，支持事业单位专业技术人才在成渝地区互派帮扶、创新创业。
2021 年 10 月	国家发展和改革委员会	《成渝地区双城经济圈建设规划纲要》	大力吸引创新人才。实施有吸引力的人才政策，引进和培养高水平创新人才队伍，鼓励科技人才在区域内自主流动、择业创业。支持在人才评价、外籍人才引进等政策创新方面先行先试。
2021 年 10 月	四川省人力资源和社会保障厅、重庆市人力资源和社会保障局	《2021 年成渝地区双城经济圈急需紧缺人才目录编制工作方案》	在成渝地区探索建立重点产业和领域人才监测、预警、对接机制，更好地引导和促进区域内人才资源精准开发、合理流动和高效配置。
2021 年 10 月	重庆市人力资源和社会保障局	《重庆市人力资源和社会保障事业发展"十四五"规划（2021—2025）》	加快人才集聚，探索成渝地区人才评价政策创新方面先行先试。推动人力资源服务业集群发展，发挥人力资源服务产业园联盟作用。加强专技、技能人才协同培养，共同打造"智汇巴蜀""才兴成渝"人力资源品牌和"巴蜀工匠"职业技能竞赛品牌。
2021 年 11 月	四川省人力资源和社会保障厅、重庆市人力资源和社会保障局	《"十四五"期间川渝职业指导服务协同发展合作备忘录》	依托重庆智能就业平台和四川省公共招聘网，建立实时共享的成渝职业指导人才数据库，轮流主办成渝地区双城经济圈职业指导模拟大赛，探索共建成渝职业指导工作室，发挥职业指导示范带动作用，提升职业指导服务能力。

结合成渝地区双城经济圈已有人才政策来看，其政策支撑具备以下两个突出特点：一是作用内容广泛，二是实施路径多样。

（1）作用内容广泛。

在内容上，人才协同培育的政策支撑需要围绕目标需求而设定。人才协同培育的目标方向包括吸引人才、培育人才、选拔人才、协调人才、服务人才等人力资源相关内容，从人才个体发展到整体人才结构规划均需要中央与地方政府出台相应政策，以此形成内容广泛且具备强有力支撑作用的人才政策。在针对吸引人才的目标需求上，成渝地区政府对外来人才提供奖励、优惠的政策支持；在创造、优化人才发展机制的平台需求上，成渝地区政府对人才工作场域的基地建设、设备引进、信息共享等提供相应政策支持；在服务、保障人才生态环境的生活需求上，成渝地区政府出台提高人才生活质量的基础设施建设、优化公共服务等普惠化的相关政策，还提供专门服务于人才保障、帮扶、通道建立、特殊待遇等政策支持。

（2）实施路径多样。

在路径上，人才发展的政策支撑需通过多种路径以达到最终目标。政策作为成渝地区双城经济圈人才协同培育机制以及人才协同培育要素中的重要工具，因其具备的指导性、规范性特点，中央及成渝地区政府应根据不同的对象、场域、目标选择出台不同类型的政策。从系统运作的角度来讲，政策工具的选择包含权威支配效益的命令型政策、留有自主空间的指导型政策、确立双方合作内容的协作型政策、控制外界舆论导向的信息型政策等；从人才协同培育的角度来讲，政策工具包括维持人才生活的保障型政策、鼓励人才进步的激励型政策、构建人才制度的规范型政策、提供人才优惠待遇的服务型政策等。根据中央及成渝地区政府已出台政策来看，其政策工具的选择根据成渝地区双城经济圈建设过程情况而定，且不同路径的政策在人才协同培育工作中将会产生不同的效果，灵活选择政策工具可以使其作用效益更加高效化。

2. 人才协同培育的社会环境

社会环境是人才协同培育的直接接触环境，是人自小到大的生活成长、学习工作环境的总称，对人才发展的影响是无处不在的。作为人才协同培育的要素之一，社会环境的良好营造所带来的人才发展动力、吸引力、保障力等效益是毋庸置疑的。正如习近平总书记指出"环境好，则人才聚、事业兴；环境不好，则人才散、事业衰"①，把握住社会环境这一关键要素也是成渝地区双城经济圈人才协同培育机制的工作重点之一。

（1）开创人人皆可成才、人人尽展其才的社会氛围。

社会氛围代表了社会中的广大民众对人才发展的基本认知与态度，不仅对民众的舆论与行为有支配意义，同时还会影响人才自身的思想、心理状态，包括创新能力、科研水平等内在要素。因此，成渝地区政府要营造利于人才协同培育的社会氛围，需要注重以下三个方面：一是要引领全社会形成爱才、敬才的思想风气，使人才受到重视与尊重，人人向往成为成渝地区双城经济圈的优秀人才且乐意为之努力奋斗；二是要构建包容人才、支持人才的发展环境，为创新萌芽提供良好温室，为创业提供宽容与帮助，同时帮助人才树立起正确面对他人与自身失败的良好心态，保持不懈的探索精神与创新精神；三是要在全社会贯彻育才、用才、惜才的理性态度，杜绝"用力过猛"的教育攀比、威逼利诱的压榨劳力、欺诈索骗的雇佣关系、抬高吹捧的"人才风气"、偏私受赂的提拔晋升等不良行为，坚持以理性的态度引导人才、培育人才，将人才培育好、发展好、利用好。只有在全社会大兴识才、爱才、敬才、用才之风，成渝地区双城经济圈人才协同培育机制才能开创人人皆可成才、人人尽展其才的生动局面。

（2）实施以人为本的公正管理文化。

在把握成渝地区双城经济圈人才协同培育的过程中，实施以人为本的公正管理文化也是十分必要的。管理文化是指社会中各政府部门、机构单位、企业、社会组织等在进行人才管理时的理念、文化与实际架构，包括组织文化、人事制度、薪资福利、内部氛围、领导者态度等。一方面，从成渝地区双城经济圈人才外部协同培育路径的构建来看，树立公正的管理文化有利于在制度上建立公平的选拔机制、公正的晋升机制、有序的协调机制、有效的激励机制。要持续以公正的管理文化营造良好人才发展环境，创新人才培育、引进、使用、评价等制度，建立人才制度体系，加快建设重要人才中心和创新高地，让更多"千里马"在成渝地区竞相驰骋。另一方面，从成渝地区双城经济圈挖掘的人才潜力内部角度来看，树立以人为本的管理文化能够积极落实科学人才观，着力促进成渝经济社会发展及人才自身发展，以最大限度满足人才协同培育需求为目标，重点提高人才的综合素质和创新能力，有利于为人才提供坚实

---

① 习近平：《在欧美同学会成立100周年庆祝大会上的讲话》，《人民日报》，2013年10月22日第2版。

的保障，开拓广阔的职业发展道路，使人才能力得到充分释放。

（3）提供良好的生活环境。

人才的生活环境与家庭环境、经济状况密切相关，为人才提供良好的生活环境是成渝地区双城经济圈培育和发展人才的基石与保障。在家庭环境方面，家庭是人生的第一所学校，家庭教育影响人才的心理、性格、品德、兴趣、信念、毅力等内在状态，家庭和睦、衣食无忧、安居乐业是人才求知开拓、创新创业的坚实后盾。在深刻把握家庭环境重要性的基础上，成渝地区双城经济圈亟须积极构建适应人才发展的良好生活环境：一是需要实施"人才关爱工程"，面对年龄、领域、层次等各不相同的人才群体，必须充分尊重各类人才的特点，在政策、待遇、生活等方面给予区别化的优待，着力营造适合各类人才成长和"近者悦、远者来"的人才生态环境；向社会大众灌输重视家庭教育的理念，引领正确的家庭教育方式。二是需要把人才工作与党委政府中心工作结合部署，形成组织部门牵头抓总，各职能单位各司其职、密切配合的工作格局，及时研究解决人才工作出现的新情况、新问题，为人才提供更高效的基础生活保障、更贴心的人才服务内容，确保人才发展后顾无忧。三是树立起"知识改变命运"的人才发展信念，建立人才荣誉表彰体系，大力宣传表彰先进典型，切实提高人才的政治待遇，激发各类人才创新创业热情，鼓励更多优秀人才在成渝地区双城经济圈建功立业、积极向上、创造更好的未来，从而激发全社会关心、关爱人才事业的良好氛围。

（4）营造规范有序的法治环境。

为人才营造规范有序的法治环境也是成渝地区双城经济圈人才协同培育必不可少的建设环节。要知道，人只有在安全有序的社会生态环境中才能全神贯注地从事创业活动，而法治环境对人才的鼓励和保护是最直接、最见成效的。因此成渝地区双城经济圈应为人才营造一个规范有序的法治环境，充分保障人才的基本权益，努力创造出法治力量笼罩下的安全感，是成渝地区集聚人才、充分发挥人才作用的重要条件，比如，为推动知识产权大保护工作格局，保障知识产权工作者的权益。2021年2月26日四川省高级人民法院、重庆市高级人民法院和两省（市）知识产权局已通过视频连线举行签约仪式，共同签署了《关于建立成渝地区双城经济圈知识产权保护合作机制备忘录》，建立六项知识产权司法执法合作机制。这反映了法治对于人才的保护与肯定，而这些措施也势必会给人才带来更多的安全感。

（三）微观要素：个人品行与能力素养

"天行健，君子以自强不息"，人才协同培育的微观要素在于人才自身的品德、能力与态度。唯有积极的人生态度、有效的自我管理、不懈的进步和提升才是人才发展道路上永不枯竭、坚实强劲的内生动力。注重考查个人品行与能力素养是成渝地区双城经济圈对选拔人才工作一贯的要求，也遵循着党中央选人用人的标准——"严把德才标准，坚持公正用人，拓宽用人视野，激励干部积极性，努力造就一支忠诚干净担当的高素质干部队伍"[①]。在注重人才品行与能力相统一的原则指导下，成渝地区双城经济圈培育、造就、选拔任用了一大批优秀人才，人才队伍整体素质有了明显提升。但也要看到，站在历史重要交汇点上，经济体制深刻变革、社会结构深刻变动、利益格局深刻调整、思想观念深刻变化，使得部分人才放松了对自身品行修养与能力素养的要求，世界观、人生观、价值观发生偏移，人才队伍中责任缺失、信念动摇的现象在一定程度上仍然存在。因此面对当下的多元价值观念、多样利益诉求的现实，成渝地区双城经济圈的人才发展工作应更注重微观要素，把握好个人品行与能力素养的辩证关系，这需要在人才培育中把握住以下三个重要的教育、选拔与发展理念：

第一，优秀的品质德行、杰出的政治素养是人才协同培育的基本要义。成渝地区双城经济圈人才发展需要进一步坚持注重品行、科学发展、崇尚实干、重视基层、鼓励创新、群众公认的用人导向。"先成人、后成才"，人才应具备诚信、公正、友善、宽容等良好品行，且新时代的优秀人才应饱含爱国爱党热情，传承"为中华之崛起而读书"的发展信念，不忘初心、牢记使命。同时，要教育和引导各类人才学习践行社会主义核心价值观念，组织和引导各类人才努力用现代科学文化知识和技能武装自己、在社会实践中锻炼自己，到党和人民需要的地方诠释初心使命。

第二，扎实的知识能力、积极的学习态度是人才发展的有利条件。专业素质过硬是开拓前路的基本条件，谦虚包容的学习态度是不断充实自我、发展自我的前提要求，只有经过奠定基础、积累经验、不断学习，才能实现新的突破与发展。因此，成渝地区政府应鼓励各类人才坚持求真务实、尊重客观规律，倾心本职岗位、注重工作实效，这是成渝地区双城经济圈人才协同培育建设中

---

① 《严把标准公正用人拓宽视野激励干部 造就忠诚干净担当的高素质干部队伍》，《人民日报》，2018年11月27日第1版。

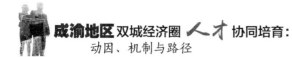

须臾不可放松的重要任务。

第三，不懈的探索精神、勇敢的创新精神是人才发展的动力源泉。只有不断推陈出新才能实现进步发展，成渝地区政府在人才培育中注重鼓励人才勇于创新、保持好奇，恪守科学精神、大胆探索创造，淡泊个人名利、无私奉献才能，激发各类人才提高内在动力，始终以旺盛的创新思维应对发展道路上的机遇与挑战。

人才协同培育的内在要素并不是一蹴而就的，只有坚持以个人品行与能力修养相统一的原则来选人用人，提高人才素质，将正确的世界观、人生观、价值观，爱国主义、集体主义、社会主义思想融入人才协同培育工作的全过程，才能形成一支党和人民信赖的高素质人才队伍，为推进人才协同培育、建设成渝地区双城经济圈、坚持和发展中国特色社会主义提供坚强的人才保证和智力支持。

第二节　分析内容：成渝地区人才协同的模型搭建

一、以科学理念宗旨为根本，架构协同基本框架

理念是行动的先导，理念宗旨从根本上决定着成渝地区双城经济圈人才协同培育的发展成效乃至成败。爱党爱国、以人为本、服务整体、可持续发展、改革创新这五项人才发展理念宗旨需遵守的基本原则，是引领成渝地区双城经济圈人才协同培育的行动先导，更是影响成渝地区双城经济圈未来人才协同培育理念以及发展观、现代化观的重要因素。成渝地区双城经济圈建设要求建立更高质量、更好发展的人才协同培育机制，这就要将爱党爱国、以人为本、服务整体、可持续发展、改革创新五项基本原则融入人才协同培育的理念宗旨中，通过引领规划、科学统筹、协同创新等方式，搭建起人才协同培育的基本框架，并使其朝着促进成渝地区双城经济圈新发展的目标聚焦用力。

首先，国家科学决策能为成渝地区双城经济圈人才协同培育基本框架提供规划遵循和重要指引。在新一轮的西部大开发快速启动的同时，中共中央、国务院对成渝地区双城经济圈的规划背景、总体要求（包括指导思想、主要原则、战略定位、发展目标）、具体任务等作了全面部署和安排。快速启动的成渝地区双城经济圈战略，使得成渝地区迅速成为西部乃至全国发展的"关键

词"。由此，以成都向东、重庆向西，带动盆地、辐射西南、影响西部的内陆第一经济圈在国家科学决策的部署下进入了"合作大于竞争的新时代"。从成渝地区竞争与合作关系的动态变化中可见，遵循国家科学政策这一理念宗旨使成渝地区双城经济圈能够以大眼光、大格局和国际视野的站位规划好人才协同培育的基本框架，立足中国国情和成渝地区具体发展情况与实际需求，准确把握地区人才协同培育的发展规律。同时，成渝地区也能积极吸收人才培育和人才发展的新理念、新思想、新方法和新路径，使人才协同培育基本框架既符合人才成长规律，又具备前瞻性发展理念。

其次，用好用活人才是架构成渝地区双城经济圈人才协同培育基本框架的重要突破口，也是加快推进西部人才高地建设的关键着力点之一。无论是国内高层次人才还是海外高层次人才，均是中国"聚天下英才而用之"战略目标中的重要人才资源，也是成渝地区双城经济圈人才协同培育的动力源泉。在成都市人才发展环境的相关研究中，成都市人才队伍建设的总体水平与沿海发达地区、周边快速发展的地区相比仍有一定差距，人才发展还存在人才结构分布不佳、人才工作体制机制与市场经济体制不完全相适应、人才公共服务水平不高等不足。[1] 在实证分析重庆市 13 所高校海外高层次人才引进的市场化研究中，重庆市人才引进的市场化仍存在人才引进与市场需求脱节、人才评价存在功利化现象、人才服务体系市场化导向不足等短板。[2] 因此，仅仅掌握一定数量的人才资源是远远不够的，用好用活人才是搭建成渝地区双城经济圈人才协同培育基本框架的重要方式。这不仅是应对世界科技高速发展、参与国际人才竞争的必然要求，也是壮大成渝地区战略性人才资源队伍、构建具有全国乃至全球竞争力的人才制度体系、响应加快建设人才强国的重要支撑。顺应人才发展规律、用好用活人才，必须大力优化成渝地区双城经济圈的人才协同培育环境，全面提升成渝地区对优秀人才的吸引力和凝聚力，增强人才竞争力，为成渝地区双城经济圈的持续、快速发展提供不竭动力。因此，这就要求成渝地区双城经济圈必须落实各项优化人才协同培育环境的措施，在用好用活人才的基础上树立科学的人才观、人才资源是第一资源、人人皆可成才、人才存在于人民群众之中的重要观念。这也是落实以人为本原则、科学发展观、科学人才观，推进成渝地区双城经济圈建设和成渝地区跨越式发展、和谐发展的内在

---

① 徐朴：《成都市人才发展环境面临的主要问题与对策思考》，《中共成都市委党校学报》，2014年第 4 期，第 87~91 页。

② 李越、何艳君、刘向莉：《海外高层次人才引进的市场化研究——基于重庆市 13 所高校的实证分析》，《西南师范大学学报（自然科学版）》，2018 年第 7 期，第 13~18 页。

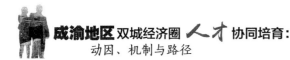

要求。

再次，服务时代需求的基本原则与成渝地区双城经济圈的整体战略、人才发展战略定位是统一的。习近平总书记在阐述新时代中国特色社会主义思想时，明确新时代中国社会主要矛盾是人民日益增长的美好生活需要和不平衡不充分的发展之间的矛盾，必须坚持以人民为中心的发展思想，不断促进人的全面发展。① 从成渝地区双城经济圈人才协同培育战略的高度来看，习近平总书记所概括的新时代中国社会主要矛盾，为成渝地区人才协同培育描绘出了发展的切入点，即人才协同培育需要围绕解决人民日益增长的美好生活需要和不平衡不充分的发展之间的矛盾，因此更要有针对性地根据时代需求与地方实际情况来实施人才协同培育。在此基础上，应当明确架构成渝地区双城经济圈人才协同培育基本框架的重要动机与最终目的都应该是人民，要从此动机与目来考量人才协同培育机制的建立过程。更为重要的一点是，以人才协同培育机制来不断促进人才的全面发展，实际上恰好符合了营造人人即可成才、人人尽展其才的良好环境的要求，更贴合了成渝地区双城经济圈的人才发展战略。人才均能实现全面发展，意味着成渝地区双城经济圈的人才协同培育能够达到人人皆可以成才、人尽其才的目的。因此，围绕服务时代需求来架构成渝地区双城经济圈人才协同培育的基本框架，能够为成渝地区人才发展战略的实施提供广泛的群众基础，也为人人皆可成才创造了契机、提供了平台。

同样，人才资源可持续发展也是推进成渝地区双城经济圈人才协同培育机制建立的重要环节。可持续发展是一种高水平的发展模式，首先要求的是人的素质，认为人口资源开发的水平决定物质资源和其他一切资源的开发水平。② 因此，若要实现成渝地区双城经济圈经济的可持续发展，则必须优先开发该地区的人力资源。综合成渝地区的经济发展情况来看，该地区依然存在着人才匮乏与人才浪费并存的问题，基于此，成渝地区双城经济圈应围绕人才资源可持续发展这一规划，根据市场经济的运行规律，充分发挥市场在人才资源配置中的决定性作用，努力实现人才资源的合理流动与优化组合。一方面，在流动方式上，成渝地区不应拘泥固有模式而应力求多样化，大力提倡各产业、行业之间以各种灵活有效的方式进行交流，尽可能地改善和缓解人才资源结构的不合理性以及地域分布的不平衡性，使人力资源的分布、结构、比例等与成渝地区

---

① 薛永武：《习近平十九大报告的人才战略思想及其启示》，《上海师范大学学报（哲学社会科学版）》，2018年第5期，第40～46页。

② 王东升、李娅娜：《人力资源开发与可持续发展》，《北京师范大学学报（人文社会科学版）》，2000年第4期，第116～121页。

双城经济圈的发展速度、扩展规模相适应；另一方面，在调控方式上，为确保人才资源可持续发展的有序性、高效性，也为加强地方政府对人才资源流动的宏观调控，成渝地区在参与推进人才协同培育机制的过程中，应对人才资源的配置方向、重点、结构、比例等问题有全面周到的调控机制和相应的对策措施。在上述措施"双管齐下"的基础上，成渝地区就能够遵循人才可持续发展规划，合理开发成渝地区的人才资源，并将市场主体支配与政府宏观调控有力结合。同时，这有助于弱化和消除目前存在的"高才低用、大材小用、用非所学、用非所长"的能力浪费现象和"有才不用、有才邪用、无才亦用"的能力萎缩和异化现象。[①]

最后，坚持改革优化人才协同培育制度能为成渝地区双城经济圈人才协同培育的基本框架构筑长久发展途径，提供更加优良的人才培育环境。2021 年 3 月，习近平总书记在《努力成为世界主要科学中心和创新高地》一文中提出了营造良好创新环境的重要命题，"要营造良好创新环境，加快形成有利于人才成长的培育机制、有利于人尽其才的使用机制、有利于竞相成长各展其能的激励机制、有利于各类人才脱颖而出的竞争机制，培植好人才成长的沃土，让人才根系更加发达，一茬接一茬茁壮成长"[②]。成渝地区双城经济圈作为西部大开发的重要战略支点，既处在"一带一路"和长江经济带的联结点上，又肩负着打造中国经济"第四极"的重任，在国家区域发展和对外开放格局中具有独特而重要的作用。但成渝地区长期存在的制度环境短板，容易致使其无论科技人才规模再大、科技研发投入再多、市场需求再强，也难以最大限度地发挥人才的创新效能。为此，成渝地区双城经济圈在构建人才协同培育基本框架时，不仅应该积极回应营造良好创新环境、承担改革优化人才协同培育制度的使命，还应带动成渝地区各级政府高度重视人才创新环境的建设，更应动员全社会的力量营造良好的社会创新环境，将营商环境提升为营创环境，为集聚天下创新英才构建优越的人才体制机制。如此，才能为成渝地区双城经济圈实现人才协同培育的目标提供坚实的智力支撑和人才保障。

---

① 王东升、李娅娜：《人力资源开发与可持续发展》，《北京师范大学学报（人文社会科学版）》，2000 年第 4 期，第 116～121 页。

② 习近平：《努力成为世界主要科学中心和创新高地》，《求是》，2021 年第 6 期，第 4～11 页。

二、以政策网络理论为基础，勾勒协同机制模型

（一）政策网络理论

在社会、政治、经济等多类学科领域中，根据理论进行抽象模型构建或利用既定模型进行问题剖析是较为常见且极其有效的科学研究方法。研究者通过对问题中的主体、客体、资源流动、利益与冲突等关键要素进行深入理解与归纳提炼，再将其嵌入既定的分析模型中或总结为一套完整的动态系统内容，从而达到对研究问题的清楚认识，这就是对模型法的简单解释。抽象模型不仅能对研究内容的清晰描述或评价，还能协助我们对多方主体的行为原因及结果、相互作用与效应等内容展开思考与判断。其中，政策网络理论模型作为一种描述和解释长期动态、涉及复杂网络与互动关系的政策过程的分析手段，是将网络理论引入政治学和政策科学而形成的一种分析途径和研究方法，可作为分析成渝地区双城经济圈人才协同培育这一多主体参与型问题的有力工具。于本书而言，政策网络理论模型以其理论优势与本书的探讨内容有如下三项适配点：

一是理论运用场域的适配。政策网络理论的中观视角聚焦于政府部门之间、政府与社会组织等利益团体间在政策过程中的关系。20 世纪 70 年代，西方发达国家政府管辖范围的逐步扩大，使社会中心主义与国家中心主义等研究理论再也无法应对繁琐庞杂的现实问题，由此，政策网络理论应运而生。受实践场域下国家现状、政治制度和文化差异的影响，研究者对理论的运用与衍生阐释不尽相同，政策网络理论逐步分化为宏观、中观、微观三种研究典范。以罗兹为代表的英国传统的政策网络分析视角，也就是政策网络理论的中观视角，集中于展示政府部门、社会组织等团体在政策过程中的博弈现象，例如对资源分配、信息流动等方面进行描述和探究。这一理论视角对各类社会国家型的大问题有极其中肯扼要的剖析力，因此备受各领域研究者青睐。在国内，政策网络理论的本土化实践运用发挥了良好的政策解释作用，在社会治理、民生保障、产业建设、科技政策等研究议题上均有突出表现。

二是政策分析视角的适配。政策网络理论中基于资源依赖的分析角度强调揭示问题中各主体间的交互过程，从而实现对政策网络的动态描述。部分学者对"资源依赖是政策网络形成与消灭的必然因素"[①] 的过度认识并不适用于我

[①] 张康之、向玉琼：《从"多元主义"向"政策网络"的转变——考察政策问题建构视角演变的路径》，《江海学刊》，2014 年第 5 期，第 108～117 页。

国的政治体制与话语体系。因此，应考虑国情，选择合适的政策分析视角，我们应当采纳的是政策网络理论对网络流动过程的具象化分析思维。例如，有学者认为政策网络中的资源包括权威、资金、权力、信息与组织团体，又有学者将政策网络中的资源重新分为权力、资金、人力、信息、技术等。由此看来，本研究对政策网络理论的实践运用的重点在于——立足理论视角形成对研究内容的描述与认知，即分析成渝人才协同培育中的主体构成、网络联结与资源流动的情况。

三是模型要素内容的适配。政策网络理论模型的主体构成分为政策社群、府际网络、生产者网络、专业网络、议题网络（见表3-2），对网络联结动态的描述包括且不限于对资源流动、主体关系和相互作用的分析。

表3-2 政策网络模型（一般）主体划分

网络类型	网络特征
政策社群	官方组织、结构稳定、成员组成有严格限制、垂直型关系、交流内容有限
府际网络	官方组织、结构稳定、成员有限但没有严格限制、存在垂直依赖关系、交流水平较为广泛
生产者网络	结构松散、成员不定、不存在明显依赖关系、与政策有明显利益关联
专业网络	成员有标准限制、结构不完全紧密、交流水平有限、为政策与利益相关者服务
议题网络	大量不稳定成员、交流不限

在国内多数学者的政策网络分析中，中国话语体系下的政策网络主体划分方式为：一是政策社群，主要指中央政府、部门等严格稳定的高层次官方群体，主要作用在于宏观调控、法律制定、政策指导、监督考察，是战略的指挥者；二是府际网络，指与政策制定过程相关联的地方政府及部门，主要包括各省、市、县级政府，既有部署作用，也有协调落实的作用，是政策的行动者；三是生产者网络，在国内其他领域研究中通常是指企业、研发机构一类受政策影响、有着利益关联的社会组织，在本研究中可将区域内各企业单位、组织机构、公私高校、科研医疗等均视为人才政策下的生产者网络群体；四是专业网络，指涉及该领域问题的专家、学者、科研机构、技术协会等，充当着对问题进行科学研究、为政府提供参考建议的参与者角色；五是议题网络，主要由社会公众和新闻媒体组成，这一网络群体并不稳定，但覆盖范围极广、交流不受

限制。由政策网络主体的划分内容可见，政策网络理论极适用于研究多主体参与的社会问题、政策问题、国家问题。

根据政策网络理论的运用场域、分析视角和模型要素，结合成渝人才协同的顶层设计、实施路径与保障体系，下文将对该协同机制展开具体的分析。

（二）主体协同合作机制

成渝地区双城经济圈建设是一项系统工程，既要干在当下，也要着眼未来。相比"成渝经济区""成渝城市群"这两个概念而言，成渝地区双城经济圈的说法更突出中心城市的带动与辐射作用。因此，实现参与主体的合作意识达成、意见交换充分、方向目标统一等要求更需建立在日臻完善的组织构建与坚持不懈的深度交流上。此前，成渝地区各级政府、部门及各单位便为推动双城经济圈建设进行了多次会晤交流，形成了有效的对接渠道与各项合作协议、行动办法等。成渝地区人才协同培育依托于成渝双方的深度合作，人才协同体系亦得力于多方参与的合作成果。通过汇集 2020 年 3 月至 2021 年 7 月成渝地区涉及人才协同培育的重大会议信息（见表 3-3）、协议文件、政策办法等内容，梳理可得成渝地区人才协同体系的完善与构建过程。

表 3-3　成渝地区人才协同相关会议一览表

日期	会议主题	参与主体	重点内容
2020 年 3 月 17 日	推动成渝地区双城经济圈建设四川重庆党政联席会议第一次会议	四川省委、省政府，重庆市委、市政府	通报了《深化四川重庆合作推动成渝地区双城经济圈建设工作方案》《推动成渝地区双城经济圈建设工作机制》《深化四川重庆合作推动成渝地区双城经济圈建设 2020 年重点任务》等情况
2020 年 4 月 2 日	推动成渝地区双城经济圈建设川渝人社合作联席会议暨合作协议签署仪式	四川省人力资源和社会保障厅、重庆市人力资源和社会保障局	签订了《共同推动成渝地区双城经济圈建设成渝人力资源和社会保障合作协议》，就优化人力资源市场要素配置、推进公共就业创业服务协同等 7 个方面、30 项内容、41 个重点任务达成合作共识

日期	会议主题	参与主体	重点内容
2020 年 4 月 2 日	成渝双城经济圈人力资源协同发展战略合作框架协议签署会议	中国成都人力资源服务产业园（成都人才园）、中国重庆人力资源服务产业园	签订了《成渝双城经济圈人力资源协同发展战略合作框架协议》，就区域协同品牌、区域协同培育、区域协同共享、区域协同服务、区域品牌赛事、区域双创基地等 6 个方面达成共识
2020 年 4 月 17 日	推进川渝地区协同创新发展专题座谈会	四川省科技厅、重庆市科技局	会议研究加快区域协同创新体系建设，推进川渝地区打造具有全国影响力科技创新中心的工作举措，具体就西部科学城建设、国家新一代人工智能创新发展试验区建设、川渝地区高新区联盟建设、创新平台互融互通、探索联合实施科技计划项目等议题深入交流
2020 年 4 月 21 日	成渝地区双城经济圈人才协同发展联席会议第一次会议	四川省委、重庆市委	签订了《成渝地区双城经济圈人才协同发展战略合作框架协议》，确立了成渝地区双城经济圈人才协同培育目标，提出共同落实 4 个方面 13 项具体措施
2020 年 4 月 23 日	川渝协同创新专项工作组第三次会议	四川省科技厅、重庆市科技局	议定了《2021 年成渝地区协同创新工作要点》，签署了《川渝大型科研仪器设备数据开放共享合作协议》，成立成渝地区高新区联盟、技术转移联盟
2020 年 4 月 27 日	推动成渝地区双城经济圈建设教育协同发展框架协议签约仪式	四川省教育厅、重庆市教育委员会	签订了《成渝地区双城经济圈建设教育协同发展框架协议》，内容涵盖共建教育合作常态机制、共抓基础教育普惠共享、共助职业教育融合发展、共推高等教育创新发展、共促社会教育规范发展等 5 个方面重点任务

续表

日期	会议主题	参与主体	重点内容
2020年5月12日	成渝地区双城经济圈高校联盟成立大会	成渝地区20所高校（12所四川高校和8所重庆高校）	成渝地区20所联盟成员高校的负责同志在大会上审议并通过了《成渝地区双城经济圈高校联盟章程》
2020年5月14日	四川省总工会、重庆市总工会协作推动成渝地区双城经济圈建设第一次联席会议	四川省总工会、重庆市总工会	签订了《川渝工会推动成渝地区双城经济圈建设战略协作框架协议》，协议表示川渝两地工会将联合协作、开展活动、搭建平台为推动成渝地区双城经济圈建设贡献工会力量
2020年7月1日	推动成渝地区双城经济圈建设教育协同发展工作联席会议第二次会议暨签约仪式	四川省教育厅与重庆市教育委员会	签订了《推动成渝地区双城经济圈建设教育协同发展工作机制》《"成渝协同"重大教育改革试验项目实施方案》《成渝地区双城经济圈教育高层次人才协同发展合作共建实施方案》《推动成渝地区双城经济圈建设教科研协同发展框架协议》，编制《成渝地区教育协同发展行动计划》，会议决定成立教育协同发展联合办公室，实施共建"成渝协同"重大改革试验示范项目
2020年7月10日	成渝地区双城经济圈人力资源服务产业园联盟成立大会	中国成都人力资源服务产业园（成都人才园）、中国重庆人力资源服务产业园	"成渝地区双城经济圈人力资源服务产业园联盟"正式成立，双方签订了《成渝地区双城经济圈建设川渝两地统一人力资源市场准入管理协议》
2020年12月14日	推动成渝地区双城经济圈建设重庆四川党政联席会议第二次会议	四川省委省政府、重庆市委市政府	会议认真研究贯彻落实《成渝地区双城经济圈建议规划纲要》相关工作，审议两省市领导联系双城经济圈建设重点项目工作机制、双城经济圈重点规划编制工作方案、双城经济圈便捷生活行动方案等

日期	会议主题	参与主体	重点内容
2021 年 4 月 24 日	成渝地区双城经济圈人才协同发展联席会议第二次会议	四川省委组织部、重庆市委组织部	签署了《"天府英才卡"A 卡和"重庆英才服务卡"A 卡服务互认共享协议》与《外籍高端人才工作许可互认和资源共享协议》
2021 年 5 月 28 日	推动成渝地区双城经济圈建设川渝人社合作联席会议第五次会议	四川省人力资源和社会保障厅、重庆市人力资源和社会保障局	签署了《人社公共服务"十件实事"合作协议》,主要包括人事人才、就业服务、社会保险、劳动维权 4 大板块;签署了《事业单位人事管理工作战略合作协议》
2021 年 7 月 22 日	推进成渝地区双城经济圈建设教育协同发展联席会议第三次会议	四川省教育厅、重庆市教育委员会	会议审议了《成渝地区双城经济圈教育协同发展行动计划》

首先,从参与主体来看,成渝地区人才协同工作是由四川省委、省政府与重庆市委、市政府协力倡导的,引领了成渝地区人社部门、教育部门、科技协会等单位,且带动了人力资源产业园、工会、各高校、科研机构、各行业领先企业与社会大众共同助力。以推动成渝地区双城经济圈建设、加强人才协同培育为核心要义,已然形成一呼百应、各展身手的繁荣局面。

于成渝省(市)委、省(市)政府而言,其职责在于规划战略、制定政策、推动融合,作为成渝地区人才协同培育项目的制定者与推动者,其不仅要组织号召官方与非官方群体积极参与,还要合理调配资源、牵线交流合作,实现整体人才协同系统的有序运行。于成渝地区人社部门、教育部门、科技部门而言,其职责在于构筑成渝人才市场流动渠道、人才培育合作机制、科技人才聚集场域,实现人才吸纳实力化、人才供给持续化、人才效能最大化。在职责指引下,成渝地区各领域部门在深入交流的基础上,达成基本共识与战略规划,签订合作协议并出台相关政策,将"蓝图"转为"施工图"再变为"成果图"。于产业园、工会、企业而言,应充分发挥社会组织在战略实施过程中的辅助作用,譬如产业园的资源整合能力、工会的人才维权保障能力以及企业的聚集人才、激励挖掘作用。同时,人才协同培育的红利终将回馈于社会,社会组织也应在人才引进、人才服务、人才培育、人才转移的过程中做出贡献。于高校、科研机构而言,其功能定位有人才培育、人才聚集与人才发展三个层面。高校作为培育优秀人才的重要一环,应主动探寻成渝地区人才协同渠道,

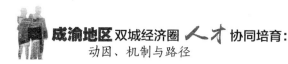

积极呼应发展需求，为调整人才结构、实现人才供给可持续化发挥价值。科研机构是高层次科学技术人才的重点聚集地，承载着人才引进吸纳、人才潜能挖掘与效能发挥的重大功能，既是人才"引进来"的道路，也是人才"用得好"的平台。

其次，从作用内容来看，成渝地区双城经济圈人才协同培育的作用可从以下四个方面来逐一概述：一是人才吸纳与引进。成渝地区作为我国西部旅游、康养产业聚集地，其人才引进的优势在于城市宜居、生活便利、风水养人；而劣势则在于科技资源缺失、产业力量薄弱，未形成吸纳高层次科技创新人才、行业紧缺人才的发展条件。针对以上不利条件，成渝地区首先在硬件设施与聚集场域上作出巨大努力，合作推出构建西部科学城、搭建科技共享平台、耗资引领多项科技合作项目、建立国际科技合作基地联盟；其次，成渝地区在人才引进方面努力探索科技人才共享渠道、身份互认的柔性流动机制，不懈聘请各领域专家人才入驻，从而实现多渠道人才共进、共享、共发展。二是人才培育与发展。培育本土人才是人才发展"自我造血"的重要方式，人才培育的关键在于向优秀人才提供实用的教育、优质的服务、广阔的发展平台、切实的机会与充足的资源。成渝地区各级政府在教育层面制定了教育协同培育行动计划，从基础教育、职业教育、高等教育、社会教育等方面进行部署；针对人才发展层面，由政府倡导发起成立成渝地区高校联盟促进科技人才交流合作，构建科技创新基地联盟与双创示范基地联盟扩展行业领军人才发展平台。三是人才配置与流动。所谓"用好人才"才能实现"能量转换"。成渝地区双城经济圈人力资源市场的标准统一、监管协同、信息共享、服务共建，打破行政区域限制，努力实现人力资源流动畅通与服务一体化建设。统一市场的举措在给予人才更多选择空间的同时，亦扩充了企业挖掘人才、选拔人才的场域，从而达成双向互惠，使人才资源的潜能释放。成渝地区各级政府在提供标准统一的人力资源服务的同时，亦推进人才资质认定、职称认定的政策衔接与人才转移流程便捷化改革，合力形成市场信息充裕准确、人才流动便捷的人力资源配置渠道。四是人才扶持与保障。从客观实际出发，成渝地区首先需要构建整体良好的人才培育环境，其次需要制定满足需求的人才保障与扶持政策。从生活环境的建设入手，提供基础设施完善、公共服务到位、生态环境良好的居住环境，实现生活便捷水平提升与幸福感增强。从扶持人才安家定业的角度入手，成渝地区政府分别出台了人才引进政策与奖励政策，即增大人才入驻的成本优惠力度。同时，共建成渝地区人社公共服务平台，服务项目异地通办，权益维护协同一致，为成渝地区人才生活做出"兜底保障"（如图 3-1）。

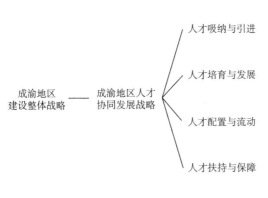

构建中国西部科技创新中心，以"一城多园"模式合作共建西部科学城：出台协同科技人才招引政策，探索户口不迁、关系不转、身份互认、能出能进的科技人才柔性流动机制；构建创新平台载体，引导科技合作项目，建立国际科技合作基地联盟……

制订教育协同发展行动计划：优化提升教育功能布局、促进基础教育优质发展，加快职业教育整合发展、推动高等教育内涵发展，推动社会教育规范发展；成立成渝地区高校联盟；建立川渝地区大学科技园联盟、科技创新基地联盟和双创示范基地联盟……

统一人力资源市场准入：规范人力资源市场监管，建设人力资源服务产业园，搭建跨界共享的人力资源服务共享平台，放宽人力资源服务业发展环境；推进川渝"职称协同认"等资质互认机制，开辟川渝博士后服务流动通道……

推出人才引进政策与奖励政策，共建川渝人社会公共服务信息平台；实现就业、养老、医疗等社保"一卡通"；推进人才公共服务项目、流程、标准统一，各类业务异地通办；实现劳动权益救济"协同办"……

图 3-1　成渝地区人才协同作用导向示意图

总的来说，成渝地区双城经济圈人才协同培育体系是由政府引领、多方参与的主体架构与其各自的作用内容共同形成的，在战略上坚持"努力将双城经济圈建成具有全球竞争力的高端人才集聚区、产才融合发展示范区、青年人才荟萃区和体制机制改革先行区"[①] 的总体目标，在方向上总结为人才吸纳与引进、人才培育与发展、人才配置与流动、人才扶持与保障四个层面，且层层相依、环环相扣。

（三）成渝地区人才协同机制模型

对事实问题展开抽象的模型分析，便于我们抓住问题的关键节点与首要枢纽。为了进一步剖析成渝人才协同培育工作的内在机制，我们将成渝人才协同培育工作现状置于政策网络模型中，以通过解析不同网络社群的内部关系与社群间的外部联结，勾勒出成渝地区人才协同培育的动态轮廓。

1. 协同主体与内部关系

本部分在参考国内已有的政策网络分析研究基础上，根据上述政策网络理论中观视角下对组织机构间资源依赖关系的分析思路，以一般政策网络主体划分为依据，对当前成渝地区双城经济圈人才协同培育中各层次的参与者进行简要分析与网络划分。我们认为，当前成渝人才协同培育的作用体系主要有五大完整的网络社群。

一是政策社群。作为成渝地区双城经济圈建设的宏观调控主体，可分为以

---

① 陈国栋：《川渝两地签署首个人才合作协议》，《重庆日报》，2020 年 4 月 22 日第 4 版。

中共中央为首的战略部署主体、以国务院及各部委为代表的规划指引主体以及法律保障主体。这三大主体间分工明确、相互配合，对成渝人才协同培育工作有着奠基性、指导性、扶持性与纠错性的价值意义。在政策社群内部，负责顶层设计的战略部署主体对后续规划内容有指示支配性作用，且战略部署主体与规划指引主体都需在法律保障的基础上进行"施工"，由此构成了成渝地区人才协同培育的政策社群主体与内部关系（如图3-2）。

┌─────────────────────────────┐
│ 战略部署主体 │   基础保障
│ 提出成渝地区双城经济圈建设战略 │
│ 确定理念宗旨、发展方向 │
└─────────────────────────────┘
                                    ┌─────────────────────────────┐
指示   │ 法律保障主体 │
支配   │ 从宏观到微观、从整体到个人 │
                                    │ 法律保障国家战略的有序实施 │
                                    └─────────────────────────────┘
┌─────────────────────────────┐
│ 规划指引主体 │   基础保障
│ 从经济、科技、产业、交通、环保 │
│ 等多方面规划部署、指导扶持 │
└─────────────────────────────┘

图3-2　成渝地区人才协同培育政策社群主体

二是府际网络。作为成渝地区双城经济圈人才协同培育工作的首要行动者，成渝地区各级党委及政府的工作内容可相应分为整体调控与规划落实两大部分。作为上承中央指示、下启战略工作的整体调控者，四川省委省政府与重庆市委市政府的协同合作关系是成渝地区协同"桥梁"的第一支柱。同时，战略规划的落地实施需要成渝地区相关各级政府和各部门之间的深度交流、有序配合。例如，人才资源共享问题需要四川省人社厅同重庆市人社局的统一协商，高竹新区的规划发展需要广安市政府与渝北区政府的联力合作。由此，府际网络中的整体调控行动者与规划落实行动者各司其职、各负其责，并且协同合作，形成合力。该网络层次间存在权威支配的关系，层次内部呈现出紧密协作的关系（如图3-3）。

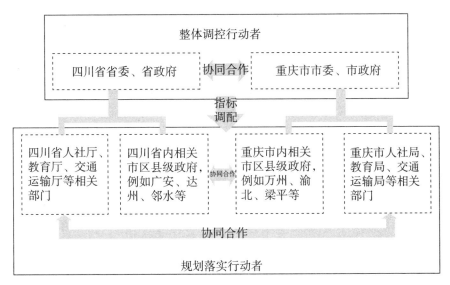

图3-3 成渝地区人才协同培育府际网络主体

三是生产者网络。这一网络包括成渝地区人才协同培育的利益相关者，如企业、高校与科研机构等。首先，三大主体与人才发展间都存在相互依存、相互依赖的关系，人才发展是生产者网络利益获取和实力提升的动力源泉，生产者网络也是人才吸纳的关键、人才挖掘的路径、人才培育的摇篮；其次，三大主体之间均存在协同合作关系，并形成了"产、学、研"结构的人才发展链条。最后，企业同高校合作，利于企业引进优秀人才，也利于高校完善人才培育体系；科研机构同企业合作，利于科研成果的有效转化、科研人员的个人成就性发展，也利于企业获取创新的要素资源、挖掘行业紧缺人才；高校同科研机构合作，利于高校搭建起长远切实的人才培育路径，同时利于科研机构聚集高层次人才、推动科学技术的进步。由此构成了生产者网络中的企业、高校、科研机构三主体协同链条，为人才协同培育增添色彩。

四是专业网络。作为成渝地区人才协同培育的客观研究者，主要包括专家、学者和相关的协会、机构等。专业网络的组织成员需具备一定的专业知识与研究影响力，并非所有关注该政策问题的参与者都能作为专业网络的成员。专家、学者同相关协会、机构之间可能存在学术上的交流合作、问题探讨以及客座、指导等关系，且两者研究对象、内容和目标存在相关性，研究中不免有引用、借鉴与比较分析等联结，因此可视为专业网络内部存在简单的交流协作关系。

五是议题网络。作为成渝地区人才协同战略的观察评价群体，其组成成员

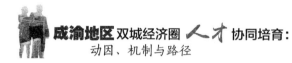
没有任何限制。社会大众、新闻媒体均可对政府行动、战略规划、实施情况等目所能见、耳所能闻的内容展开记录、描述、评价与讨论。在议题网络中，专家学者们以较高的学术影响力对新闻媒体和社会大众发挥作用，而社会大众也同时接受来自新闻媒体的信息。由此构成了议题网络中层层施加影响的内在联系，也可以看作针对某政策内容的"舆论场域"。

2. 协同主体的外部网络关系

政策网络中的社群内部关系、社群间关系是构建网络模型的重要部分，正是由于网络中的协作、影响等联系与各要素资源流动，才能有序推进成渝地区人才协同培育工作的稳定进行。如果说社群内部的有效合作是释放社群效力、实现社群价值的必然条件，那么社群与社群间的交流协作、互惠互利就是实现系统整体价值最大化的重要一步。根据上述成渝地区人才协同培育的政策网络社群划分标准，下文将以现有的新闻材料、政策文件为依据，阐述各社群间如何形成相互作用的关系。

首先，作为宏观调控主体的政策社群对府际网络有着引导、调控的权威作用，其支配地位在战略实施初期较为显著。随着时间的推移，府际网络的行动频次逐渐增大，成渝地区政府协作行动的地位逐步明朗，这是发展动力内生的良好趋势显现。但府际网络并不能脱离政策社群的指引，政策社群也绝不是"甩手掌柜"，原因在于成渝地区的协作发展始终是跟随国家整体发展的步伐前进的。同时，政策社群的影响对象并不局限于垂直结构下的府际网络，其影响力可全面辐射至社会中各层次参与主体。例如，以政策文件帮扶生产者网络进步发展、以战略倾向推进专业网络学术研究、以行动举措影响议题网络关注讨论。这是政策社群的行动影响，更是值得关注研究并良好运用的作用渠道。

其次，府际网络同生产者网络已然构建起良好的协作关系，且生产者网络极大程度上受益于府际网络的帮扶支持。人才是在社会中成长起来的，府际网络处于成渝地区人才协同培育工作的重要位置，生产者网络则是人才生长的直接接触环境。要实现人才工作的协同与人才的良好引进、选拔、培育与发展，府际网络必然需要关注生产者网络，并对其施以管控、帮扶、指引等行为。为实现长效稳定的影响作用，府际网络与生产者网络需要建立合作关系，双方互动既有利于府际网络实现人才协同培育的目标，也有利于产者网络得到政策优势、资金支持等，从而更好培育人才。

最后，专业网络对其他社群均产生了一定影响。不论从科学性、准确性、权威性，还是从前瞻性、预测性、引导性来比较，专业网络在某一领域的作用价值往往是多样且丰富的。例如，府际网络通过寻求专业网络协助来提高政策效应、行政效率等，生产者网络寻求与专业网络合作，以谋求可持续性发展，议题网络则因专业网络的参与而更丰富（如图3-4）。

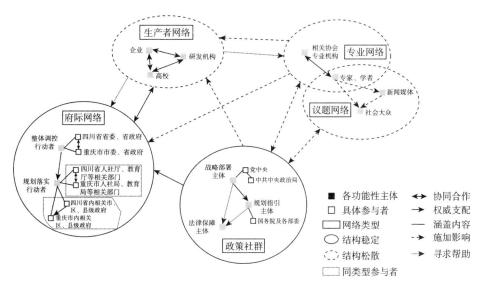

图3-4 成渝地区人才协同培育的外部网络关系

三、以人才协同培育要素为导向，描述协同要素流动

参与主体的协同网络是成渝地区人才协同培育各层次要素的构建、流动与传递路径，网络中各社群的支配、影响、协作与帮助能不断推动成渝地区人才协同培育宏观、中观与微观要素的完善。根据前文关于成渝地区人才协同培育的顶层设计、实施路径、法律保障等内容的阐述，以及对成渝地区人才系统网络的相关分析，本书认为成渝地区人才发展的要素流动关系有以下四个方面：

一是成渝地区人才协同培育的理念宗旨作为宏观要素的首要成分，对其余各层次工作内容均有指导意义；

二是成渝地区人才协同培育系统的组织架构是提供人才发展政策支撑的基本前提；

三是人才发展政策支撑是构建人才协同体制、人才培育环境与人才聚集场域的重要动力；

四是环境构建与政策导向共筑了成渝地区人才发展"近悦远来"的大好局面（如图3-5）。

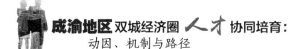

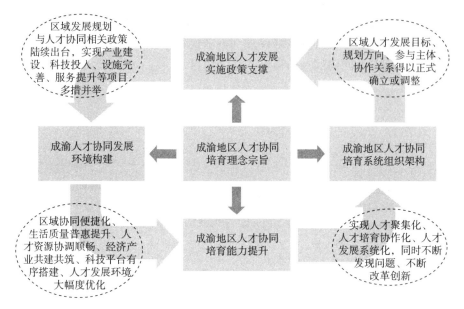

图 3-5 成渝地区人才发展的要素流动关系

第三节 分析结果:成渝地区人才协同的作用机理

区域经济一体化,是高质量发展的必由之路。2003 年,中国科学院地理科学与资源研究所的报告《中国西部大开发重点区域规划前期研究》首次提出了成渝经济区的概念,认为成渝双核心城市群可作为"西部大开发的最大战略支撑点""长江上游经济带的核心"[①]。2004 年 2 月 3 日成渝地区正式签署了《关于加强川渝经济社会领域合作 共谋长江上游经济区发展的框架协议》等6 项合作协议。在中央政府的引领作用下,成渝经济区蓬勃发展,又于 2016年提出将成渝城市群建设为国家级城市群的远大目标。2020 年 1 月 3 日,中央做出建设成渝地区双城经济圈的重大战略决策,赋予了成渝经济一体化发展更大的价值意义,这也为成渝地区政府协同工作提出了更高的要求。

人才是发展的第一动力。作为我国西部地区的重要经济建设区域,成渝地区人才协同培育固然是一体化发展中的重要一环。2020 年 4 月 21 日,成渝地

---

① 费佳丽:《政策冲突视阈下成渝经济区协作矛盾探源》,《商》,2016 年第 26 期,第 100 页。

区代表在成渝地区双城经济圈人才协同发展联席会议第一次会议上正式签署了《成渝地区双城经济圈人才协同发展战略合作框架协议》。同年 7 月，"成渝地区双城经济圈人力资源服务产业园联盟"正式成立，可见成渝地区双城经济圈人才协同培育工作正迈向新阶段。作为成渝地区双城经济圈建设的必要项目，成渝地区人才协同培育工作贯穿于战略整体——从顶层设计到落地实施均发挥着应有的作用。因此，对成渝地区人才协同培育的多层次考量可作为剖析其内在作用机理的可行路径。

一、顶层设计规划人才吸纳引进机制

顶层设计是首要关键，关乎战略宗旨、方向理念等核心要义，也影响着后续的整体路线规划、组织架构、资源配备、协作交流等。顶层设计包含两个方面：一是理念上的宗旨引领，二是组织上的系统谋划。二者齐头并进，为成渝地区双城经济圈的人才协同工作奠定了坚实基础。

（一）宗旨引领：关照成渝地区人才吸纳引进机制的顶层规约

成渝地区人才协同培育机制隶属于成渝地区双城经济圈建设的重要环节，其人才发展的整体设计与系统规划应当与经济圈建设的方向一致，即按《成渝地区双城经济圈建设规划纲要》要求，朝着"建设具有全国影响力的重要经济中心、科技创新中心、改革开放新高地、高品质生活宜居地"[①] 的目标前进。借鉴国内其他城市群规划经验来看，其存在以下几点不足：一是理念与宗旨不符合区域实际，设立得过高或过窄，使得地方无法有效贯彻执行；二是核心理念与宗旨过虚、过空泛，很难在具体工作中加以分解、细化；三是理念宗旨仅停留于文字表述，无法落实到实作层面与进入实际"施工"环节；四是城市群各个地方存在系统脱节问题，部分地方政府与部门不顾及城市群发展的总思想和总要求，使得各级政府区县的发展游离于总宗旨理念之外，陷入混乱；五是宗旨理念缺乏相应的制度设计，使得发展主体与实践缺乏制度保障和支撑。上述问题严重影响着区域人才协同培育的整体规划，宗旨理念无法在具体工作中加以细化，使得大多理念与宗旨在发展中逐渐成了一纸空文。

因此，在规划成渝地区双城经济圈人才吸纳引进机制时，其理念宗旨必须紧跟国家顶层规约。一是现代人才理念。应进一步明确成渝地区双城经济圈所

[①] 《中共中央　国务院印发〈成渝地区双城经济圈建设规划纲要〉》，http://www.gov.cn/gongbao/content/2021/content_5649727.htm。

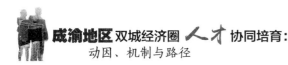

需吸纳、引进的人才的基本品质与能力。所需现代人才理念分布于党中央及各级政府的相关新闻发布会讲话及部分文件中，但显然不够明晰与完善。二是现代人才目标。成渝地区在人才协同培育方面提出总目标，即把重庆、成都打造成双城经济圈集聚人才的桥头堡，做大人才蓄水池，并指出成渝地区双城经济圈所需的高层次、专业技术等各方面人才引进目标。在此基础上成渝地区也已有所作为，但在具体规约上对地方所需人才的种类、规格、质量上并不清晰。三是制度规划。成渝地区要为人才吸纳引进提供良好的制度支持，包括一般制度设计和特别制度设计，使得吸纳引进制度能够满足外来人才的需求，激励人才成长，并为其提供良好环境保障。四是认识引领。成渝地区需要围绕成渝地区双城经济圈人才协同培育的总体理念宗旨，以及上述现代人才发展观，以此引领社会价值取向、舆论导向、社会从众认识倾向[①]，通过典型人才案例和实践逐步培育吸纳引进人才的营养沃土。

（二）系统谋划：对接成渝地区人才吸纳引进机制的主体架构

首先，成渝人才协同培育工作一方面应服务于经济建设、科技发展、产业进步的人才需求，努力吸纳优秀人才、紧缺人才、高层次人才，调整人才结构，为成渝共进发展注入动力；另一方面受益于经济圈的建设成果，可依托于城市建设所带来的生活质量提升，从而达到营造人才培育环境、吸纳各界优秀人才、人才信息与资源流动畅通的良好局面。

其次，建成具有全球竞争力的高端人才集聚区是成渝地区人才协同培育工作的首要目标。高端人才是指人才队伍中的高层次群体，或指各领域中的优秀人才，通常有着素质高、能力强、贡献大、影响广等突出品质。人才是发展的第一动力，高端人才自然是发展的"强动力"，是建设经济中心、科技创新中心的重要助力。形成高端人才聚集区并不能一蹴而就，需要长远规划与行动才能有效且长效推动成渝地区双城经济圈建设发展。

再次，成渝地区人才协同培育要实现建设"产才融合发展示范区"与"青年人才荟萃区"[②]，这是关注人才创新、打造青年队伍、致力长远发展的一大体现。一方面，产业发展与人才发展脉脉相通，产才融合是双向融合的过程，一是要激发人才带动产业发展、促进产业升级的潜在活力，二是要打造吸引人

① 纪大海、杜萍：《顶层设计：高校人才培养新视角》，《中国高等教育》，2010年第7期，第40～42页。
② 陈国栋：《川渝两地签署首个人才合作协议》，《重庆日报》，2020年4月22日第4版。

才、扶持人才、培育人才、挖掘人才的产业链条。推动教育链、人才链、创新链、产业链的有机衔接，将迸发出强劲的发展驱动力。另一方面，青年人才是人才队伍中极具活力与能量、创新与想法、潜力与机遇的中流砥柱。正如习近平总书记强调的："展望未来，我国青年一代必将大有可为，也必将大有作为。这是'长江后浪推前浪'的历史规律，也是'一代更比一代强'的青春责任。广大青年要勇敢肩负起时代赋予的重任，志存高远，脚踏实地，努力在实现中华民族伟大复兴的中国梦的生动实践中放飞青春梦想。"[①] 青年就是未来，成渝地区双城经济圈人才协同培育工作关注青年人才队伍，必然能将蓬勃朝气传递至协同培育的前进道路上。

最后，成渝地区人才协同工作目标要求建设体制机制改革先行区，贯彻落实改革精神、勇于探索先行，应遵循"改革是动力，发展是目的，稳定是前提"的原则。[②] 一是稳定。人才协同培育体制改革要以稳定和谐的人才发展局势、充足完备的信息与资源为基本前提，以合作双方达成一致共识、协力共进为行动保障。二是改革。要以满足人才发展需求、探寻人力资源增长点、创造人才培育良好环境、打造具备竞争力的人才队伍等目标为改革创新的根本方向，成渝地区人才协同培育机制改革要坚持方向清晰、结构明朗、循序渐进的总体路线，使改革创新发挥其应有的价值作用。三是发展。体制机制改革的最终目的是实现成渝地区人才协同培育，发展的结果是检验改革成效的重要标准。成渝地区人才协同的顶层设计理念既要求构建体制机制改革先行区，又要求充分发挥创新改革优势推动人才发展，同时为我国各大区域协同培育战略与人才协同工作贡献成渝智慧。

二、党委及政府主导人才培育发展机制

作为继京津冀、长三角、粤港澳大湾区后中国经济增长与建设发展的"第四极"，成渝地区双城经济圈建设对区域人才结构、数量与质量有更高的要求，也对成渝地区人才协同培育工作提出了更大的挑战。总体而言，成渝地区人才协同培育工作是由政府引导、市场运作、企业单位协力、社会多方参与的复杂过程，在顶层设计的理念指导与体系构架下，战略落地实施需要以党委及政府为主导来优化政策衔接、市场流通、信息共享等路径，以此统领多方，共同推

---

① 习近平：《在同各界优秀青年代表座谈时的讲话》，《人民日报》，2013 年 5 月 5 日第 2 版。
② 本报评论员：《改革发展稳定缺一不可——五谈把握全面深化改革的重大关系》，《经济日报》，2013 年 11 月 7 日第 1 版。

进成渝地区双城经济圈建设。具体而言：以党中央、国务院为核心，成渝地区党委及政府应紧密贴合实际，打造产业聚集先行区，构建产学研结合的人才培育链条。

一方面，打造产业聚集先行区，能够为落实中央战略部署、构建西部经济增长极提供高水平的"样本"示范作用，为形成具有全国乃至全球影响力的产业聚集区打下坚实基础。产业发展与人才发展有着互推互助的紧密关系。一方面，人力资源是产业发展的核心动力，人才能力就是发展潜力；另一方面，产业是人才的"孵化温室"——产业发展能够带来人才培育空间，产业融合能够带来人力资源流动，产业集群能够带来行业人才聚集。成渝地区双城经济圈建设致力于产业集群化、融合化、智慧化，在引领产业结构优化、构建产业生长环境的同时，能够实现对行业紧缺人才和高层次人才的吸纳、引进与良好培育，达到人才聚集与产业聚集能量循环释放的共赢共进。

以《成渝地区双城经济圈建设规划纲要》为基本纲领，以产业协同培育与人才聚集为目的，四川省与重庆市于 2020 年 8 月联合出台《川渝毗邻地区合作共建区域发展功能平台推进方案》，推出成渝地区共建的 9 个毗邻地区合作项目（见表 3-4），且形成了各先行区统筹布局、遥相呼应、各取所长的发展态势。

表 3-4　成渝地区双城经济圈产业聚集"先行区"一览表

项目名称	详细情况
广安、渝北共建高竹新区	作为经济区与行政区适度分离的创新改革试验区，有处在"重庆半小时通勤圈"内的距离优势，还有入驻百余家汽车零部件企业的产业基础。在成渝政府土地供给、财政支持等一系列扶持政策下，高竹新区未来将突出发展新能源汽车、电子信息、航空制造、轻量化材料等产业，创建国家外贸转型升级基地（汽摩），培育一批龙头企业、领军企业、高新技术企业。
万达开川渝统筹发展示范区	万州、达州、开州三地集中优势资源合理培育化工新材料、新能源汽车、生物医药三大产业集群，另外围绕交通互联互通、产业协同培育、公共服务共建共享、开放创新合作、生态联防共治五方面，推动落实了 50 余项重点合作事宜。
梁平、垫江、达川、大竹、开江、邻水等环明月山地区打造明月山绿色发展示范带	重庆市梁平区、垫江县，四川省邻水县、达川区、大竹县、开江县共同建立了《共建明月山绿色发展示范带重大项目库》，共谋划储备重大项目 64 个，其中，环明月山国家旅游风景道、明月山精品民宿群、明月山富硒茶产业基地、明月山国家战略储备林基地等 31 个重大项目已启动实质性建设。

项目名称	详细情况
城口、宣汉、万源共建革命老区振兴发展示范区	同属川陕革命老区的城宣万三地，有生态环境好、矿产资源丰富但产业发展基础薄弱的共同特点。以《城宣万革命老区振兴发展示范区规划建设方案》为依据，该示范区重点选择文旅产业、通道经济、交通改善三个突破方向，共同打造大巴山国际旅游度假区。
合川、广安、长寿打造环重庆中心城区经济协同发展示范区	该示范区以构建"研发在中心、制造在周边"的链式配套、梯度布局的重庆中心城区产业转移重要承载区为目标，聚焦建设功能性设施、完善生态环境保护、融入多向贸易新通道。
遂宁、潼南建设一体化发展先行区	一是着眼于基础设施网络互联互通，以及智能制造、电子信息、先进制造、环保、绿色建筑建材等产业集群；二是围绕蔬菜等特色优势产业，规划论证渝遂绵优质蔬菜产业带项目；三是建设涪江沿岸特色农产品标准化基地，做大做强做绿现代农业。
资阳、大足文旅融合发展示范区	以"安岳石刻""陈毅故里""大足石窟"等为突出旅游品牌，资阳、大足地区以规划衔接、基础设施建设等为基础，以文旅融合为重点项目，将进一步融入巴蜀文化旅游走廊建设，推动区域文化旅游市场、供给一体化和产业特色化。
内江、荣昌现代农业高新技术产业示范区	以现代农业为主，内江、荣昌签订了《稻渔综合种养产业发展合作框架协议》《共建长江上游川渝优质血橙出口基地战略框架协议》等6项文件，着力发展以生猪、稻鱼产业、长江上游晚熟柑橘等为代表的产业。
泸州、永川、江津融合发展示范区	就地理优势、营商环境、发展政策等良好助力，该示范区将围绕汽摩及零部件、智能制造、电子信息等重点产业和数字经济创新发展等重点领域，加快"引资补链"，打造集约高效的产业链聚集群。

2021年，四川、重庆围绕"成渝双城一体化建设"，共同部署规划共建重大项目67个，总投资1.57万亿元；共同举办成渝地区双城经济圈全球投资推介会，吸引10余个国家和地区的100余家知名企业、商协会和机构参会；举行共建具有全国影响力的科技创新中心2021年重大项目集中开工活动，集中开工40个重大项目，总投资1054.5亿元。[①] 可见，借着国家"成渝地区双城经济圈建设"的政策东风，以党委及政府为主导构建的产业聚集区，不但提升了成渝地区双城经济圈的人才吸附力、人才引进力，还能够以产业示范区、发展示范区等模式为人才协同培育提供更广阔、更新颖的平台，进而提升区域人

---

① 国家发展和改革委员会：《成渝地区双城经济圈建设加快成势 取得阶段性成果》，https://www.ndrc.gov.cn/fzggw/jgsj/zhs/sijudt/202107/t20210713_1290316ext.html。

才协同培育能力，推动了人才协同培育工作的有序进行。此外，集合化、智慧化、融合化的产业链条也对人才的研学能力、管理能力提出了更高层次的要求。

另一方面，构建产学研结合的人才培育链条，使成渝地区双城经济圈人才协同培育真正做到"双需、双赢、互动"与共同发展。2016 年 11 月 30 日，习近平总书记在中国文联十大、中国作协九大开幕式上的讲话中指出："'盖有非常之功，必待非常之人。'人是事业发展最关键的因素。"① 成渝地区双城经济圈是创造力与产业集聚力充沛的地方，济济多士，英才辈出，要实现经济蓬勃发展，就必须发现人才、培育人才、珍惜人才、凝聚人才。产学研是面向和服务于成渝地区双城经济圈、具有鲜明专业特色的人才协同培育方式，在产业聚集先行区的基础上，引发产业需求——吸纳、引进、培育人才的依据、动力和出发点。以党委及政府为主导的人才培育发展机制，在构建产学研结合的人才培育链条时应主要体现在以下三个方面：一是从人才制度上寻求产学研结合的新模式，二是从实践技能出发加强人才培育与行业、企业、高校的结合，三是以产业为导向培育适应成渝地区实际需要的高层次人才。在党委及政府主导下打造的产业聚集先行区，其产学研结合的人才培育方式既符合成渝地区双城经济圈人才协同培育的特征与要求，又能反映出新时代区域人才的时代特征，必然能够最终构建"以学办产、以产辅学、以研带产、产学研相互促进"的良性循环链条，从而真正做到"双需、双赢、互动"共同发展。②

三、行业专家指导人才激励评价机制

"人尽其才、才尽其用、用当其时"③，人力资源配置是指通过对人力资源进行科学合理的分配，达到"人事合意"且人才效用最大化的动态过程。不论于国家、地区还是组织、企业而言，良好的人力资源配置均是释放发展潜力、打造创新活力、形成核心张力的重要因素。习近平总书记指出，要在健全人力资源政策制度上下功夫，大力吸引、培养、保留、使用好各类人才。④ 自成渝

① 习近平：《在中国文联十大、中国作协九大开幕式上的讲话》，《人民日报》，2016 年 12 月 1 日第 2 版。

② 王木丹、周江林：《以产学研结合搭建旅游人才培养的平台》，《桂林旅游高等专科学校学报》，2004 年第 2 期，第 54～58 页。

③ 岳继军：《人尽其才 才尽其用 用当其时 精准考察识别干部（有的放矢）》，《人民日报》，2020 年 6 月 10 日第 9 版。

④ 张玉清、李宣良、李刚：《加快建设一支空天一体攻防兼备的强大人民空军 为实现中国梦强军梦提供坚强力量支撑》，《人民日报》，2014 年 4 月 15 日第 1 版。

地区双城经济圈建设提升至国家层面战略以来，在中央政府指引号召与地方政府的协作努力作用下，成渝地区对内外部人才的吸引力均显著增长，更多高层次人才落户成渝。在人才吸引力提升的同时，中央政府对成渝地区的战略牵引、规划与期望，也促进了成渝地区对人才结构、质量、数量的需求发生改变，进一步对成渝人力资源市场要素配置提出了重大挑战。为此，如何使成渝地区形成以行家、专家为主体的指导人才激励评价机制，并由此推动区域协同、互惠开放、高效有序的人力资源市场体系建设，是当下成渝地区双城经济圈人才协同培育工作所面临的大问题。

首先，成渝地区双城经济圈依然存在人才短板，并对高层次人才有着强烈渴求，而行业专家既有科技成果转化的需求，又有担当奉献的精神。因此，开展科学有效、务实管用的区域人才协同机制与专家对接联系渠道，是保证成渝地区双城经济圈人才协同培育工作具有长效性的关键。早在 2019 年 11 月，来自全国各地 200 所高校的 400 余名专家学者便相聚重庆，共论人才话题，助力重庆人才引进。此外，2020 年成渝地区出台了《关于进一步激励引导广大专家人才在疫情防控阻击战中积极发挥作用的十二条措施》，从人才政治引领、政策倾斜、项目支持、联系服务等方面积极创新，多种途径推进专家资源与区域互促共享，并提供有力的制度保障和支持。如此高质量高标准的专家服务成渝地区双城经济圈建设，为激励高层次人才和专家搭建了干事创业、智力转移和成果转化的人才平台载体。

其次，行业专家引领创新是撬动成渝地区双城经济圈人才协同培育的第一杠杆。习近平总书记指出，实施创新驱动发展战略，是立足全局、面向未来的重大战略，是加快转变经济发展方式、破解经济发展深层次矛盾和问题、增强经济发展内生动力和活力的根本措施。[①] 成渝地区要成为具有全国影响力的重要经济中心、科技创新中心，必然需要在"创新"二字上潜精研思、矢力同心。构建成渝地区协同创新共同体，将为西部地区形成高质量发展的重要增长极提供有力支撑，是成渝地区双城经济圈建设战略的必要一环。2021 年 2 月 25 日，科技部正式印发《关于加强科技创新促进新时代西部大开发形成新格局的实施意见》，明确提出支持成渝科技创新中心建设，在区域科技创新能力、建设支撑与平台构建上做出重要指示。2021 年 4 月 14 日，重庆市科技局与四川省科技厅签署了《进一步深化成渝科技创新合作、增强协同创新发展能力、

---

① 《加快实施创新驱动发展战略 加快推动经济发展方式转变》，《人民日报》，2014 年 8 月 19 日第 1 版。

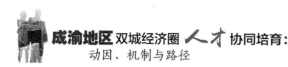
共建具有全国影响力的科技创新中心框架协议》(以下简称《协议》),提出以
"一城多园"模式合作共建西部科学城,其中"一城"是指西部科学城,"多
园"是指成渝的国家高新区、国家级和省级新区等创新资源集聚载体。成渝地
区政府将围绕技术攻关、成果转化、合作交流、优化环境四个层面展开合作,
其中不乏联合培育人才、引进人才的相关政策,亦有实施科技合作项目、流通
科技创新资源、开放专家库及成果库等内容。从《协议》提出至今,成渝地区
共建的5个科技创新项目已全部开工,其中包括国家碳中和技术创新中心、大
数据智能计算国家重点实验室等。此外,2021年9月,成渝地区6家高校机
构"牵手",推动科技成果转化资源共建共享,促进科技成果高水平创造和高
效率转化,为成渝地区双城经济圈高质量发展提供科技支撑。由此,成渝地区
科技创新协同项目的开展通过与行业专家的合作,大力推动了人才协同工作的
进步。

最后,应该看到行业专家指导与区域人才协同培育的内在关联。创新驱动
实质上是人才驱动,高层次人才聚集已然成为区域发展在科技创新层面的关键
性决定要素。习近平总书记强调:"要大兴识才爱才敬才用才之风,在创新实
践中发现人才、在创新活动中培育人才、在创新事业中凝聚人才,聚天下英才
而用之,让更多千里马竞相奔腾,努力造就一大批能够把握世界科技大势、研
判科技发展方向的战略科技人才,培养一大批善于凝聚力量、统筹协调的科技
领军人才,培养一大批勇于创新、善于创新的企业家和高技能人才。"[1] 换言
之,以行业专家为主体的成渝创新平台构建,能够吸附一批优秀人才、聚集一
批高层次人才、培育一批科技人才、激励一批创新人才。

四、其他要素推进人才服务保障机制

人力资源是第一资源,资源的流动过程总是沿着趋利避害的方向演进。生
活环境作为人才发展环境的重要组成,影响着各领域人才对城市、区域的选择
决策与个人的安家立业成本,从而影响人力资源的流动方向。尽管人才协同培
育的影响因素是复杂多样的,但改善城市环境、优化公共服务、加强社会保
障、实现人民生活质量的提升对区域发展中吸纳人才、培育人才、留住人才等
方面是有百利而无一害的。要实现人才聚集,就要先有聚集的环境条件;要促
进人才发展,就要提供发展的基础保障;要构建人才协同,就要先达成区域协

---

① 鞠鹏、庞兴雷:《全国科技创新大会两院院士大会中国科协第九次全国代表大会在京召开》,
《人民日报》,2016 年 5 月 31 日第 1 版。

同，提升人民生活质量。为此，成渝地区在"硬件"层面与"软件"层面分别做出了巨大努力，共同营造出人才培育的良好环境。

一是在"硬件"上优化基础设施建设，打造宜居城市群典范。以国家发展和改革委员会和交通运输部联合印发的《成渝地区双城经济圈综合交通运输发展规划》、重庆市政府印发的《推动成渝地区双城经济圈建设加强交通基础设施建设行动方案（2020—2022 年）》与四川省交通运输厅审议的《加强成渝地区双城经济圈（四川）交通基础设施建设专项规划（2021—2025 年)》等代表性政策文件为依据，成渝地区政府将全力建设轨道、道路、水运、航空、管道、运输等 9 大基础网络，推动成渝地区加快形成"高铁双通道、高速八车道"的复合快速通道，全力打造 4 个"1 小时交通圈"——成渝双核超大特大城市之间 1 小时通达、成渝双核至周边主要城市 1 小时通达、成渝地区相邻城市 1 小时通达、成渝都市圈 1 小时通勤。[①] "成渝双城交通圈"因道路便捷、交通快捷、运输通畅，极大力度缩短了城市空间距离，促进成渝沿线及周边城市融合发展、紧密发展，以此形成了人力流动、人才择业的友好环境。除交通运输基础设施建设以外，成渝地区政府还致力于生态环境治理、水电气民生工程建设等城市"硬件"建设内容。截至 2021 年 7 月，成渝合作共建基础设施项目共计 29 个，已开工 25 个。

二是在"软件"上提升公共服务水平，全面提高成渝人民生活质量。以 2021 年 1 月四川省人民政府办公厅和重庆市人民政府办公厅共同印发的《成渝地区双城经济圈便捷生活行动方案》为代表性政策文件，可见成渝地区以提升本地人民群众生活质量为共同目标，在交通通信、户口迁移、就业社保、教育文化、医疗卫生、住房保障等多个方面作出规划与行动。例如，实现成渝地区居住证信息互通、无纸化办理养老保险关系转移、建立"一卡通"服务实现社保卡异地取款、成渝地区图书馆借阅资格互认、实现跨省域房源信息共享、成渝地区公交轨道"一码通"等具体行动方案。可见，成渝地区政府正在努力实现公共服务网上办理、一站办理、异地办理，努力实现一卡通行、一证通认，努力实现成渝人民生活便捷、办事便捷、跨区域便捷，努力实现地区公共政策无缝衔接、公共服务水平整体提高。自政策提出至 2021 年 5 月，成渝地区首批 95 项跨省通办政务服务事项已全部实现线上"全网通办"或线下"异

---

① 《重庆市人民政府关于印发推动成渝地区双城经济圈建设加强交通基础设施建设行动方案（2020—2022 年）的通知》，http://wap. cq. gov. cn/zwgk/zfxxgkml/zfgb/2021/d1q/202102/t20210211_8897318. html。

地可办"。

综上可见，成渝地区双城经济圈人才协同培育分别在顶层设计、党委及政府、行业专家、其他社会主体的层面落实施行。建立成渝地区双城经济圈人才协同培育机制是一个系统性工程，需要进一步探寻区域人才的发展特点和成长规律，更需要全社会主体共同努力全面深化人才发展体制，自上而下地营造人才协同培育的社会氛围。

第四章　成渝地区双城经济圈
人才协同培育困境与优化路径

第一节　成渝地区双城经济圈人才协同培育困境

一、协同理念渗透层次尚浅，联动效能未充分释放

成渝地区双城经济圈所规划范围内的城市历史同脉、文化同源、地缘同域、经济同体，能够在历史根源与地理优势的基础上不断巩固合作桥梁、完善协作机制，这也是区域内地区协同并进、共同发展的必然选择。诚然，协同理念的渗透是达成有效合作机制的基础，是触发联动效能释放的重要因素，这一点在理论与实践中都能得到证实。从理论上讲，政策网络中各参与主体间的有效合作、持续交流有利于资源整合流动，进而推动网络整体的变化发展。政策网络理论作为新兴的治理工具，主张破除垂直科层制的管理模式，但也区别于普通市场秩序，是建立在破除层级阻碍、多元协调之上的治理结构。由此，网络主体间的协调互动对系统整体的治理与发展有重要价值，构建恰到好处的联结关系能促进网络整体的持续进步。在实际问题中，成渝地区双城经济圈人才协同培育贯穿区域建设始终，既依靠于中央整体战略下的多方合作与项目推进，也依赖于地方主动谋求人才发展的现实需要与实践诉求，能够为成渝地区双城经济圈建设贡献智慧力量。因此，无论从理论主张还是现实需求上看，参与主体的联动频次增加、互动内容丰富、协作关系稳定是区域人才协同培育的紧要需求。

但在当前成渝地区双城经济圈人才协同发展中，仍存在主体协同不足、机制协同不畅等问题，具体表现为以下两个方面。一方面，从成渝地区双城经济圈人才协同培育的政策网络模型分析中可以看出，该网络模型普遍存在核心主

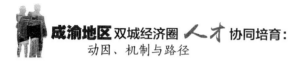

体突出但效能释放路径狭窄、主体间联结关系弱、协同合作少、沟通交流性不强等缺陷。例如，专业网络的对外输出渠道有限，未能体现其专业性价值；议题网络未能得到充分利用，人才发展的"舆论场"有待抓紧；府际网络的核心地位凸显，但内部结构僵硬化阻碍了效能释放，同时又受外部环境掣肘，因而使得主体间协同路径未能实现充分构建，未能充分将资源汇聚起来、意见归拢起来，也未能实现主要倡导者（即府际网络）充分利用其他社群、协调多方共建，从而阻碍了成渝地区双城经济圈人才协同培育的后续推进。另一方面，从前文概述中可知成渝地区双城经济圈人才协同培育工作被分解为多个板块，在规划指示下由对应地区的部门协作完成，这样难免形成"分层作战、各自为营"的局面。这一局面尽管能满足短期人才需求、服务与资源协调等条件，但并不能实现长远的战略目标。也就是说，人才协同培育过程的引进、培育、保障等机制间的有效衔接是受到部门间联动合作影响的。反过来说，部门与部门间的合作意识和行动强度浅弱必然导致机制分离。因此，若要达到就业顺畅、转移便捷、服务融洽、配置高效、发展持续，就需要搭建机制间以及部门间的合作平台，使协同理念由虚向实、层层深入。此外，我们也应当意识到，协同理念贯彻不足所引起的府际合作和内部交流滞涩，不仅会影响行政效率、合作效能，也会妨碍人才的创新变革与未来发展路径。而交流是厘清矛盾、抓住问题核心的必要一步，也是激发创新想法，进而提出改革意见的强劲助力。由此看来，深入贯彻协作意识，破除参与主体间的沟通壁垒，构建政府部门、单位企业等组织间的有效合作渠道是当前成渝地区双城经济圈人才协同培育工作的关键任务。

二、人才吸纳路径有待开拓，政策支撑力度较薄弱

人才吸纳的影响因素较为复杂，包括政策、社会、工作环境、生活需求甚至思想风气、文化氛围等。但总的来说，人才协同培育中的人才吸纳与引进工作的主要目标是配合区域整体发展，满足当前及未来发展中的人才需求，并通过优化区域环境、提升资源竞争力、开辟引进路径、构建稳定的人才吸纳体系等举措实现区域长远发展。同时，人才吸纳在国家层面战略指示——成渝地区双城经济圈建设中有着重要的价值地位，亦蕴藏着无限的发展潜力，对人才前景来说，既是机遇也是挑战。此外，成渝地区双城经济圈协同发展所汇集的多方力量亦能为人才工作添火加柴，势必能为人才吸纳与人才发展提供强大支撑，并能于人才引进的路径中被充分利用。然而，成渝地区双城经济圈人才吸纳也面临着现实困境，该区域的人才吸纳尤其是高层次人才引进工作本身就缺

乏厚实的科研资源积淀与地域优势，人才政策起步较晚、内容并不十分突出，这便是成渝地区双城经济圈人才吸纳的劣势所在，需要在人才吸纳工作的具体实施中进一步优化。

厘清成渝地区双城经济圈人才协同培育中的人才吸纳优劣所在，是窥探当前区域内人才引进工作不足之处的基础依据。目前，区域内人才引进工作主要存在以下两点问题。第一，从把握优势的角度来看，成渝地区双城经济圈建设的协同效应未能在人才吸纳过程中充分发挥，原因在于人才引进的协同体系未构建完善，资源引进路径还有待开拓；第二，从减弱或避免劣势的角度来看，成渝地区双城经济圈人才吸纳过程中的基础薄弱问题未完全解决，在关键产业、科技领域的发展中存在配合力度不够、支撑性不足等障碍，这也是人才引进定位不清晰、人才吸纳措施与产业发展目标契合度不足的一大表现。产业发展承载人才发展，科技研发平台更是高端人才聚集的重要场域。因此当前成渝地区双城经济圈人才协同培育政策内容亟待完善，需在构建过程中注重人才政策与产业、科技发展的配合，同时加强政策灵活性与包容性，才能实现人才吸纳与产业发展的相互扶持、持续发展。不论从产业发展的政策支撑中加大人才吸纳力度，还是从人才发展的政策行动中配合产业需求，都能有效增强人才政策的功能性，提高政策支撑的人才吸纳作用。

三、培育环境还需持续优化，"人才友好"氛围不足

人才协同培育的社会环境包括社会氛围、管理文化、生活环境和生态环境，前两部分影响着人才发展的心理、能力与发展渠道，后两部分则关乎人才生活中的健康问题、家庭问题、经济问题等。区域人才协同培育必然需要营造利于人才居住、人才成长的社会环境，反之则可能会造成人才不受重视、教育氛围差、人才发展不稳定、待遇低、生活压力大等情况，最终导致人才流失。因此，在优化人才发展环境的目标指引下，成渝地区双城经济圈内的各级政府通过人才生活环境的普惠化、基础设施建设的有序推进、公共服务质量的持续提升等一系列举措，可为建成"高品质生活宜居地"不断添砖加瓦，更为人才协同培育提供坚实依靠。

与此同时，成渝地区双城经济圈在人才培育环境的构建工作中仍有不足，主要表现为以下两个方面。一是人才培育环境的优化精准度不够，环境改善措施还未完全打破人才协同培育的现实阻碍。换句话说，人才协同培育的生活环境打造不仅仅需要政府在城市建设、公共服务等方面大范围地有序推进改革与优化，还需要政府在规划与行动中关注到人才在参与协同培育过程中所面临的

现实困难、实际需求。例如，房价高涨所带来的住房压力过大、市场恶性竞争所带来的休息时间缩短、信息不对称所引起的就业创业困难等。这些问题看似微小，实则与人才生活及协同培育有着紧密关系，值得政府关注、倾听并解决。诚然，现实问题是复杂繁琐的，实际需求也各种各样，无法一次解决，更无法全部满足，但区域内相关政府在关注人才困境、倾听人才诉求方面不能望而却步，需在此基础上努力采取措施调整现状、削弱阻碍、帮扶发展，实现人才及其家庭的生活稳定，进而实现持续有效的人才聚集。二是"人才友好"的社会文化氛围营造不足，在形成敬才、爱才、识才、用才的社会风气和管理文化上还有待进一步加强。在社会舆论场域内，成渝地区双城经济圈各级政府对人才协同培育的宣传环节掌控不足，在借助新闻、媒体、网络等渠道广泛地宣传敬才爱才理念、育才用才重要性等精神文化内容方面还不够完善。对外，成渝地区双城经济圈范围内城市未尽然表现出"人才友好型"的区域形象；对内，相关城市的爱才之风、育才之道政策还有待宣传与推广。同时，区域内各级政府在人才保护方面还需加强力度，在企业组织的引导、规范与监督方面仍需努力，在完善的基础上携手打造利于人才协同培育的管理氛围。总体来说，成渝地区双城经济圈人才协同培育工作必须重视社会环境的营造，尽管目前在基础设施建设、公共服务优化、城市生态改善上已有一定成果，但在关注人才生活中的住房、医疗、婚配、子女教育等需求方面还待进一步考量，在营造社会敬才、识才氛围，传扬用才、育才的正确理念与友好氛围上仍需深化。

四、人才政策衔接内容不充分，资源流动不够灵活

人才政策衔接是成渝地区双城经济圈人才协同培育的重要内容。现阶段，区域内各级政府均着力建立决策共商、资源共享、联动共建、协作共赢的人才协同培育机制，以此贯通人才政策协同、资源共享、平台共建、市场相通、活动联办等关键环节，形成"近悦远来"的人才政策环境。通过梳理可见，成渝地区双城经济圈将政策衔接重点置于以下三个方面：一是人才服务共通，例如《共同推动成渝地区双城经济圈建设川渝人力资源和社会保障合作协议》《大力推进川渝人社公共服务"十件实事"合作协议》等政策协议内容均针对区域内人才就业服务、社会保障、劳动维权等公共服务内容展开协作共建；二是人才资质互认，例如"重庆英才卡"与"天府英才卡"对等互认、高层次人才职称评价互认、技术型人才技能等级互认、外籍人才居留互认等内容；三是人才资源共聚，着力于"线上线下"同进的就业信息共享、高端人才引进政策优惠共享、专家学者学术资源汇聚、高校人才联盟聚集等方面。成渝地区双城经济圈

的人才服务衔接、资质互认、资源共享等政策衔接举措为区域内人才流动、人才保留、资源整合贡献了不小成绩，且能够由此促进人才数量和资源利用上的整体提升。

仔细看来，成渝地区双城经济圈人才政策衔接内容仍有未及之处，且由此会导致人才资源流动过程中部分渠道淤塞的发生，主要表现在以下两点。一方面，政策衔接内容有待充实，尤其在人才共育共引等关乎区域可持续发展的工作上。当前，区域内人才协同培育的政策支撑内容侧重于对人才资源的维稳和协调利用，具体表现为对公共服务政策衔接、资质互认和资源共享的重视，尽管区域各级政府已着眼于高校联盟建立、专家学者交流、各类活动联办、教育协同深化等重要内容，但在协同培育、合力共引、共同发展等方面仍略显乏力。在此影响下，成渝地区双城经济圈人才政策衔接内容缺失将使人才资源流动的部分渠道阻塞，进而未能充分打通"学与研"的联合培育渠道、"研与产"的共同发展渠道、"学与产"的交流共进渠道，并失去了部分交流路径所能带来的培育、引进与发展效力。另一方面，人才协同培育的政策内容体系有待完备，人才资源的持续增长与协调利用需要一套深入核心的政策体系作为根本支撑。现阶段的政策支撑内容已然能满足于当前区域内人才资源的良好利用，但在其他方面仍缺乏深入构建与联结完善。于成渝地区双城经济圈人才协同培育机制而言，以政策为支撑的人才政策体系不仅应当包括当下既有的人才服务、资源流动，还需在人才培育机制、人才引进机制、人才个性化服务机制、人才发展的渠道建设等方面具备持续构建的能力。因此，成渝地区双城经济圈人才协同培育的政策内容不能止步于对现有人才资源的维稳与协调，也不能仅聚焦于当下区域环境的人才吸纳需求，而应通过优化完善人才协同政策体系内容，为人才协同培育开辟更广阔的路径、提供更强劲的动力。

五、人才服务个性化内容少，缺乏区域竞争力

成渝地区双城经济圈人才协同培育的一大目标是要"建成具有全球竞争力的高端人才集聚区"[①]，高端人才聚集的影响条件包括环境、资源、政策、服务及配套措施等一系列因素。在这一目标指引下，以政策为支撑的人才服务作为创造人才聚集场域、吸引人力资源汇聚的重要影响主体，应当配合总体目

---

① 《重庆市人民政府关于印发推动成渝地区双城经济圈建设加强交通基础设施建设行动方案（2020—2022 年）的通知》，http://wap.cq.gov.cn/zwgk/zfxxgkml/zfgb/2021/d1q/202102/t20210211_8897318.html。

标，不断适应外界环境，并根据国际国内形势变化及时创新与调整，以此实现效用价值最大化。因此，我们应当认识到高端人才在全国乃至全球范围内的紧缺性和重要性，同时深度挖掘高端人才的个性化需求，在此基础上建构出成渝地区双城经济圈独有的人才吸纳条件，即区域竞争力。

当前，成渝地区双城经济圈人才协同培育的人才服务工作仍未完全实现其最大效用，且在路径与内容上均有进步的空间。首先，政策配套措施仍待完善，现有的人才扶持政策、安家政策、激励政策等举措落实需要相应机制配合完成，否则便成一纸空文。成渝地区双城经济圈当前也正朝着"做实事"的方向迈进，在此过程中应更注重明确政策要求内容、流程体系、负责单位等事项，同时在现有政策落实的基础上，应秉持以人为本的理念考虑实际、简化程序、提供便利。区域内各级政府不仅要颁布政策、落实政策，还要监督后续情况并考察实际效果，让实事落到需求上，让政策落到目标上。其次，成渝地区双城经济圈人才服务缺乏高端人才个性化配套举措，未能构建具备一定优势的人才吸纳政策体系。成渝地区双城经济圈的产业建设与科技研发基础并不厚实，这就意味着区域高端人才的聚集场域、培育资源本身便较为匮乏，将在一定程度上对人才吸纳产生负面效应。在此背景下，人才协同培育工作已然失去先发优势且由于政策力度不足、政策方向与其他地区同质化明显等问题，未能拥有鲜明竞争力、吸引力的人才政策支撑，同时对高端人才的个性化政策服务内容较少，政策条件未能击中高端人才痛点，无法满足高端人才的多方面需求。总的来说，人才服务仍存在内容不够精准化、措施不够落地化的问题，需在路径上开拓革新、行动上踏实保障，才能实现人才服务在人才发展中的长效价值。

第二节　成渝地区双城经济圈人才协同培育优化路径与展望

自实施成渝地区双城经济圈建设以来，成渝地区频繁互动，双方全方位协同之路正不断走深走实，都市圈相向发展，毗邻地区深化合作，辐射带动全域发展，双核引领、区域联动"一盘棋"态势清晰可见[1]，逐渐成为新时代城市

---

① 王翔：《成渝共下双核引领区域联动"一盘棋"》，《重庆日报》，2021年6月7日第1版。

群发展的标志性符号。但实现成渝地区双城经济圈人才协同高质量发展的目标绝非一蹴而就的，仍需要不断努力。而高质量发展是最重根基，成渝地区双城经济圈战略自提出以来便时刻彰显着根基的重要性，无论是协同培育理念、政策还是产业，任何单项的长板都难以支撑成渝地区双城经济圈人才协同培育的根基，唯有全力夯实以人才协同培育为核心的完备路径，才是成渝地区双城经济圈得以实现人才协同培育可持续的真正根基。

一、深入贯彻协同理念，完善成渝地区双城经济圈人才协同体系

在上文对成渝地区双城经济圈人才协同培育问题的分析中可见，各区域之间依然存在竞争多于协同的情况，协同理念无法深入贯彻，成渝地区双城经济圈人才协同体系也就无法构建。此外，各级政府为了保证地方政绩和经济成效，难免会展开税收优惠、发展政策、基础设施等方面的较量，如此情况下协同发展理念已然成为空谈。毕竟，此种竞争与比拼不但是对区域资源的低价消耗，更是以不科学、不理性的发展理念来统筹全局，是无视成渝地区双城经济圈建设宗旨的行为。为此，我们必须明白，实现区域人才协同培育的关键在于打破"一亩三分地"的思维定式，应从区域内各级政府主体及其所属部门出发，深入贯彻协同理念，加强区域协同能力，推动成渝地区双城经济圈人才协同培育的政策与制度达到互通互容的状态。

政府作为人才协同培育体系规则制定、制度建设的重要主体，应当充分发挥其主观能动性，通过多种途径加快推进成渝地区双城经济圈规划范围内各项人才政策的对接和衔接。首先，以成渝地区双城经济圈为核心统筹成立统一的"人才政策工作小组"，专职负责衔接区域内各级城市间人才政策的研究与交流沟通问题。成渝地区双城经济圈"人才政策工作小组"的主要职责可从以下两个层面逐步推进：第一，区域"人才政策工作小组"将面向成渝地区双城经济圈各级政府正在谋划或已出台的涉及人才协同培育方面的相关政策，进行统一的研究与探索，寻求区域内政府能够达成合作的共同之处，同时承担起搭建各级政府主体相互合作渠道的重任。一方面，区域"人才政策工作小组"能于等级严格的城市政府架构中探索出一条新路径，对不利于成渝地区双城经济圈人才协同培育机制建立的部分政策进行沟通或修改，此举措有利于破除政府之间人才协同培育的制度性障碍；另一方面，以区域内各级政府对接为原则，寻求同级、跨级乃至区域性的政府主体间合作，使得各方能够在此过程中积极开发出与人才协同培育息息相关的新政策、新措施，努力使合作政府主体间达成人才吸纳引进、培育、激励、评价、退休、保障等条件内容一致，为成渝地区双

城经济圈的人才市场提供统一且和谐的人才标准。第二，除了具备促成政府间合作的职责以外，区域"人才政策工作小组"还能对成渝地区双城经济圈人才协同培育过程中出现的部分人才争端、利益纠葛等具体事宜进行协商与解决，在其中充当第三方角色。无论是成渝地区的各级政府之间，或是产学研结合的人才培育链条之中，区域"人才政策工作小组"均可通过培训专业化纠纷调解、沟通交流等手段的专职人员，使其与人才或第三方进行磋商。其次，在区域内各级政府的相互配合与包容下，成渝地区双城经济圈还可建立专门的合作部门以加强沟通。合作政府是指将不同性质的组织联合起来，通过跨边界工作实现共同目标。于成渝地区双城经济圈而言，合作政府可通过建设统一且标准化的人才市场机制、人才服务机制等措施，推进人才市场化和社会化，并使区域内逐渐呈现趋于"去政府化"的态势。[①] 这不仅能在层级上打破区域割据状态，而且能真正实现协同发展，进而带动人才协同培育。

政府部门间的协同能力在建立成渝地区双城经济圈人才协同培育机制中也发挥着同样的重要作用。在成渝地区双城经济圈内各级政府合作的基础上，可通过政府相关部门的责任分担与利益共享机制来绑定区域内各级政府部门之间的利益关系，促进其人才协同培育目标的一致与标准。为此，成渝地区双城经济圈各级政府部门可在人才协同培育的领域内，尝试建立起部门间工作的责任分担和利益共享机制，从强化人才组织机构设置到确定人才协同培育目标责任，从部门人员招聘到年终考核，将区域人才协同培育作为目标始终贯穿于部门内部发展与部门间合作的全过程，随后可通过分解人才优惠政策、共同管理区域人才市场、联合办公等方法实现相关的责任分担和利益共享。与此同时，各级政府部门可实施人才协同培育区域、人才协同培育部门的管理轮换制或终身负责制，既能防止短时激励和部门人员偏好产生的创新阻碍，又能以流动方式增强政府部门之间的合作创新性。此外，区域内各级政府部门在合作期间也可建立激励人才创新的利益分享机制，通过出台相关强化知识产权保护、促进产学研融合发展的政策文件，并以此为基础合作建设区域内人才专利联盟，能够有效防范"反公地悲剧"的发生、规避"专利丛林"。[②]

政府及其组成部门作为规划人才资源的重要主体，既需要加强区域政府间的合作，不断破除人才协同培育壁垒，也需要政府部门的强力推进，将人才协

---

① 陈井安、方茜：《区域协同创新视角下的人才政策：模式分析与路径选择》，《理论与改革》，2015 年第 2 期，第 102～105 页。

② 陈井安、方茜：《区域协同创新视角下的人才政策：模式分析与路径选择》，《理论与改革》，2015 年第 2 期，第 102～105 页。

同培育理念内化于心，外化于行，在政策、规划的总体布局上进行优化互补，并与产学研人才培育链相结合，最终构建起成渝地区双城经济圈的人才协同培育机制，使人才协同培育为成渝地区双城经济圈建设发挥最大效能。

二、坚持区域协同创新，打造高层次人才聚集地

作为第一战略资源，人才资源是区域发展的核心竞争力。纵观成渝地区双城经济圈既有的人才协同培育相关研究与实践，不难发现其均提及了产业、科技创新两大关键领域的配合，而这本质上是源于打造高层次人才聚集地的目标召唤。如上文成渝地区人才协同培育能力不足的阐述，当前区域内各地区纷纷涉足区域协同创新。2022 年 2 月，推动成渝地区双城经济圈建设联合办公室正式印发《共建成渝地区双城经济圈 2022 年重大项目名单》，共有 160 个重大项目围绕《成渝地区双城经济圈建设规划纲要》，紧扣合力建设现代基础设施网络、协同建设现代产业体系、共建科技创新中心、共建巴蜀文化旅游走廊、生态共建共保、公共服务共建共享等六个领域。[①] 但是在此过程中不同行动主体的逻辑迥然不同。在区域协同的架构下，各级政府专注政策出台及相关规划，为成渝地区双城经济圈的人才吸引、人才协同培育、人才创新等提供支持；企业作为连接各节点的"中介"，编织着巨型的人才聚集网络，面向所有个人开放，并对人才的创新能力等方面提出相应要求，致力于借助成渝地区双城经济圈产业链连接多样化人才，引发人才集群效应。在政策与企业迥异的行动逻辑之下，如何促进政策与产业的相互配合，达成区域协同创新目标是此问题的关键所在。

从人才政策的积极完善入手，重新塑造政策与产业的关系，强化两者接入点与到达点的质量，以支撑和扶持提升成渝地区双城经济圈人才协同效能，或许能够为打造高层次人才聚集地提供一种可行的行动框架。一是从人才的分配、激励、使用等相关政策来看。首先，区域内应建立起一套"按需设岗、按岗聘任、竞争上岗、契约管理"的新型用人机制，根据上述原则为高层次人才脱颖而出创造公平竞争的人才环境，从根本上改变"论资排辈""枪打出头鸟"等不利于人才协同培育的局面，同时此举能够为大批优秀、潜在的青年人才提供走上关键岗位的机会，给予他们新型创新舞台。其次，建立"绩效优先"的新型人才分配机制，实行由"基本工资、岗位津贴和绩效奖金"组成的"三元

---

① 申晓佳：《共建成渝地区双城经济圈 2022 年重大项目名单发布 160 个项目总投资超 2 万亿元》，《重庆日报》，2022 年 2 月 9 日第 1 版。

结构"分配制度。绩效奖金依据高层次人才创造的价值与贡献大小给予相应的奖励与报酬，使利益分配更加公平公正，为高层次人才的价值体现提供有力保障。最后，通过建立、完善科学公正的考核评价机制，大力培养懂科技、懂管理、懂创业、懂经营的复合型高层次人才。[①] 二是从人才创新培育政策来看，首先，成渝地区双城经济圈区域内各级政府应建立"新型的、多层次的"人才培育机制，通过采取合力培训、引进培训、外派、定向、委托培养等多种形式的培训模式，大力开展以产学研为中心的人才综合化、专业化的在职培训，根据产业需求、市场需求、研究需求来培育专业化人才；其次，人才政策应关照"政府调控、行业指导、单位自主、个人自觉"[②] 的新型人才创新体制，充分发挥好政府的宏观调控、市场支配等多种社会主体力量，根据相应环境与条件来作出决策部署；再次，应逐步提倡专家对口传、帮、带导师培养制度，通过选拔优秀青年人员作为人才协同培育对象，签订培带教合同，做好人才传、帮、带工作，形成有利于青年高层次人才脱颖而出的培育机制，加快形成高层次人才后备梯队，为成渝地区协同创新能力的升级优化打造坚实的人才基础。

除了发挥人才政策的重要作用以外，企业作为连接政策与产业的行动主体与创新主体，同样承担着推进成渝地区人才协同创新的重任。2021 年是"十四五"开局之年，也是国企改革三年行动的攻坚之年、关键之年。2021 年 12 月 11 日国资委党委召开扩大会议指出，"2022 年要决战决胜国企改革三年行动，确保在党的二十大前完成国企改革三年行动主体任务，更大激发企业活力和发展内生动力"[③]。在此号召下，强化国企改革的举措上下贯通、纵深推进，努力将市场基因与活力融入企业中，让市场与企业对接，让企业与产业对接，形成一个完整的以市场为起点、以企业为连接者、以产业为终点的反应链。在此过程中，市场的内需与外需促使成渝地区双城经济圈内企业吸纳并培育与需求相匹配的人才，最后以人才及其产出成果带动整个产业的发展；反之亦然，由于规模效应、集聚效应和极化效应，链条的终点——产业也会带动区域内企业的发展，进而对人才市场、产品市场产生影响。因此，为了促成"市场—企业—产业"双向反应链的形成，企业作为连接主体更应该放宽对创新资源、创

---

① 罗青兰、孙乃纪、于桂兰：《高层次人才成长规律与成长路径研究》，《现代经济探讨》，2012 年第 4 期，第 84～87 页。

② 罗青兰、孙乃纪、于桂兰：《高层次人才成长规律与成长路径研究》，《现代经济探讨》，2012 年第 4 期，第 84～87 页。

③ 江聃：《国资委：加快推进国有资本布局优化和结构调整》，https://news. stcn. con/news/202112/t20211213 3962210. html。

新人才的限制，特别是对人才的约束，可允许人才在成渝地区双城经济圈规划范围下的组织机构间"云游"与加入，使人才不再受制于单个地方机构，既能做到协助人才在区域间和组织间快捷流动，又能为人才协同培育破除各种障碍。此外，促进"双向链式协同"必须保障人才在区域内企业间共同享有平等的权利，为此，区域内各企业应平等地看待不同来源的创新人才，并加快推进配套的人才服务均等化。

作为成渝地区双城经济圈的中心城市，成都、重庆集聚了西部地区绝大多数高等院校、科研机构、优秀示范企业和科技人才，是成渝地区经济基础最厚实、科技资源最富集、发展活力最强劲的地区，也是成渝地区主要的创新策源地。成渝地区双城经济圈建设国家战略自提出以来，便给成渝地区的创新发展带来了重大机遇，在推进成渝地区双城经济圈人才协同培育的过程中，政府及企业积极完善人才政策，推动人才政策与产业、企业相结合，既是大势所趋，也是使命所系。

三、关注人才环境营造，开辟人才培育联合通道

人才发展环境和人才生活环境的优良程度是衡量成渝地区双城经济圈人才协同培育工作的关键性指标之一。显然，在成渝地区双城经济圈人才协同培育工作推进的较长一段时间内，作为人才发展节点的环境营造虽占有位置，却并不具备明显成效。未来，随着人才内核服务环境的进一步发展和人才外部环境的进一步开放，成渝地区双城经济圈愈加完善良好人才环境的事实将成定局。

在人才内核服务环境方面，成渝地区双城经济圈需围绕核心人才引进和立体人才群落构建，为人才打造出成熟高端的教育、产业、公共服务内核生态圈。毕竟，核心人才作为人才群落生成的基点和凝聚内核，具有强大的以才引才作用。在引进核心人才后，与其相匹配的成渝地区双城经济圈人才协同培育工作的生态环境内核也就必须具备相对成熟的教育、产业环境和完备的公共服务环境。首先，以顶尖大学为核心的现代教育网络建设，是推进成渝地区双城经济圈教育生态、涵养高端人才的关键一环。构建以"双一流"大学建设为核心的成渝现代教育网络具体可从以下三点出发：一是高标准新建或整合成渝高校资源，联合建立一所与四川大学、重庆大学具有同等实力的综合性大学，院系设置与成渝地区双城经济圈人才协同培育方向、目标保持一致，成为高端人才培养和成果转化方面的重要支撑；二是支持国际顶尖高校和国内"双一流"建设高校在成渝地区双城经济圈规划范围内办学，同时把普通本科、专科、职业教育类的高校建设（设立分校或新建）和高质量的基础教育纳入规划范畴，

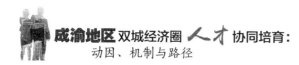
作为区域现代教育金字塔的重要组成部分；三是大力发展与成渝地区双城经济圈传统产业转型升级与新兴特色产业发展相匹配的社会职业教育和培训体系，鼓励企业等用人主体加大专门人才培训力度，快速提升本地劳动力的质量水平，同时放宽用人条件限制、拓展基础技能使用人群，为成渝地区双城经济圈人才协同培育的长远发展做好人力储备。其次，区域可以"双创"平台建设为抓手，构建全产业生态链，实现人才培育新升级。新时代是"平台经济"的时代，优异的"双创"平台将成为推进成渝地区双城经济圈产业生态和人才生态从量变到质变再到裂变的战略级载体。为此，针对成渝地区双城经济圈人才协同培育基础弱、平台能级低的短板，区域内各级政府、科研单位、企业应积极实施平台引入和重组计划，例如围绕成渝地区双城经济圈产业规划的发展方向，精准对接国际、国内知名科研机构，吸引众多高科技院所建立分支机构或整体迁移，以此聚集高层次创新人才；或依托已入驻成渝地区双城经济圈的大型企业，提前布局一批功能齐全、实力雄厚的众创平台，自主孵化一批小巨人、独角兽企业，打造"名企"人才小高地。[①] 最后，以完善人才环境为目标夯实人才公共服务基础。当前，区域内大多数地区仍面临公共服务发展水平低、供给不足的短板，应积极抓好以下两方面：一是按照成渝地区双城经济圈教育、医疗发展规划，列出核心人才群体对口名单，深入推进人才与人才服务双方的对接机制，快速提升成渝地区双城经济圈的教育和医疗服务水平；二是积极撬动社会资本，与民办企业相互配合，引进和创建国际化、多层次的民办教育、养老、医疗机构，采取"公助民办"的方式培育智能化、生态化的现代教育体系和康养体系，为成渝地区双城经济圈人才协同培育构建体制多元化、供给层次化的公共服务发展模式。

打造成渝地区双城经济圈开放、和谐的人才外部生态环境，不仅需要打造重视人才、服务人才的现代化治理环境，还要积极提升政务服务人才效能，并帮助国际人才打造"类海外"的人才工作生活环境。首先，打造重视人才、服务人才的环境需要实现对人才治理理念的转变。实际上，无论是一线发达城市，还是"新一线"及二、三线城市，除了地缘因素外，城市发展差异的重要原因之一在于各地政府对人才资源的理念认知不同。经济发达省份或城市群均对人才资源无比重视，从城市群到省到市到县，重视人才的理念已真正入脑、入心、入行，这些对于成渝地区双城经济圈人才外部生态环境的打造具有重要

---

① 周爱军：《雄安新区人才生态环境评价与涵养路径》，《河北学刊》，2021年第6期，第147～152页。

的启示作用。真正的人才，最看重的是成长的舞台和发展的空间，因此，可行的路径是区域内各相关主体用真心真情营造更加有利于人才成长发展的良好环境，以更加开放的举措和更加优惠的政策，让各类人才的创造活力竞相迸发、聪明才智充分涌流，方能为成渝地区双城经济圈的建设提供强有力的人才支撑。其次，通过人才治理的现代化来实现区域联合培育人才，这便需要有力提升区域内各级政府政务服务效能。对此，可借鉴杭州智能服务模式，充分发挥5G、大数据、人工智能等技术优势，加快打造智慧高效、全国一流的"互联网＋政务服务"体系，建立"综合自助服务＋办事 App"的在线智能服务平台，提供无接触、全时段服务，切实解决好与人才利益密切相关的"关键小事"等，全面提升为优秀人才服务的质量与效率。最后，"类海外"人才发展环境的营造是解决人才"水土不服"问题的有效手段。因此，成渝地区双城经济圈一是可借助西部大开发等国家战略的政策契机，坚持国际化、高开放、高发展的目标，对国际人才、企业在关税、贸易、生活等方面率先实行各项优惠与开放性政策，提供国际一流的人才发展环境和低成本的营商环境，打造国际创新创业人才特区。二是大力引进和培育国际知名人才中介与科技服务机构，突破人才流动壁垒，积极构建成渝地区双城经济圈与国际接轨道路，打造市场导向的国际化人才管理服务机制和人才集聚高地、中转枢纽。三是在人才配套服务上，不仅要给国际人才提供相应的工作便利，为其提供集出入境、永久居留、住房、医疗、子女教育等为一体的国民待遇，还要从情感上给予国际人才更多的关心与帮助，让他们真正感受到融入成渝地区双城经济圈的温暖。通过建设国际人才社区、国际学校和国际医疗机构等，帮助其解决配偶、子女入学与就业、医疗保障等问题，免除人才发展的后顾之忧，以此为其提供高品质生活环境。

成渝地区双城经济圈人才内核服务的提供和人才外部环境的开放，能够分别从隐性与显性要素层面支持成渝地区双城经济圈的人才协同培育，激发人才积极承担发展、联动、责任感、使命感与归属感等情感因素，使其专心于本职工作，为区域人才协同培育增加情感承诺，为建设成渝地区双城经济圈做出更大的贡献。

四、稳抓信息资源共享，优化区域人才资源配置

人才资源是推进经济社会发展的重要资源，也是支撑成渝地区双城经济圈发展的第一资源，是生产力要素的重要组成部分。以完善的人才协同培育体系为支撑，优化成渝地区双城经济圈人才资源配置，推进成渝地区双城经济圈信

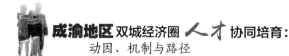

息人才资源共享，是聚焦成渝地区双城经济圈重大国家战略的重要举措，充分凸显了新时代区域人才工作的战略观、大局观和发展观，也是推进成渝地区双城经济圈人才协同培育的支撑性力量。为此，应从理念和实践两大方向来优化与完善区域人才资源配置与共享体系。

一方面，推进成渝地区双城经济圈人才资源的共享与联动，必须对接成渝地区双城经济圈发展形势，自觉在建设过程中贯彻人才资源协调发展理念。第一，成渝地区双城经济圈必须树立大人才观，以下好成渝"一盘棋"的人才工作思想为指导。如何破解成渝竞争之困、处理好自身人才培育和协同培育、实现人才一盘棋，是深入推动区域人才协同培育的"牛鼻子"问题。为此，必须坚持以"一盘棋"思想为指导，依据地方自身比较优势确定人才培育方向与周边地区的人才关联、人才协作培育模式。成渝地区双城经济圈人才协同培育不是孤立存在的，而是互相合作的，通过加强协作与融合，能够达到既避免恶性竞争，又增强人才协同培育合力的效果。为此，区域内各级城市应大力支持和充分发挥国际国内人才资源的"主干"或"分支"作用，充分利用其他城市群的人才资源"溢出效应"，以此加强区域内部城市之间的人才资源共享，推动人才协同培育由各自为政转向合作共赢。第二，在"一盘棋"理念的引导下，坚持优化区域人才工作空间布局。成渝地区双城经济圈规划范围内的不同城市均有其自身的独特产业优势与区域发展特色，这便需要成渝地区双城经济圈在协调人才分布、分配时，必须依据不同区域产业发展需求来制定差异化、特殊化的人才协同培育措施，找准不同城市所需人才的功能定位，以此实现人才协同培育布局与区域发展布局相匹配，从而加强不同区域之间的人才协同培育与工作对接，推动"主干"与"多支"形成更加紧密的人才协同培育共同体。第三，推进成渝地区双城经济圈人才资源协同与共享，则必须推动人才共用，树立不求所有、但求所用，不求所在、但求所为的效益意识和柔性引才用才理念。这一方面需要区域内各级政府加强人才指引导向和教育培养，积极鼓励并引导人才向区域内艰苦边远地区和基层一线流动，向更多较不发达地区涌入。同时，也需要区域内人才流动较发达地区组建跨区域产业技术创新联盟、重点实验室、协同创新中心等平台，以效益意识与柔性引才的理念深化产学研人才战略合作，经由科技创新、成果转化等方面实现成渝地区双城经济圈人才资源共享与合作共赢。

另一方面，优化人才资源配置与共享体系的关键在于建立统筹区域人才资源的工作机制，为此，成渝地区双城经济圈需要从以下三点建立人才资源配置的工作机制，并以服务区域人才协同培育工作的大势和大局为核心。首先，以人才资源协同培育促进成渝地区双城经济圈发展。一是紧紧围绕区域发展的中心路线，通过大力实施"育才、引才、用才"工程，汇聚天下英才，推动区域人才同向发力，共同服务于成渝地区双城经济圈的建设与发展始终，推动人才资源共享、人才工作共育；二是充分整合区域资源和人才优势，加强知识经济圈的构建，通过联建共建干部人才交流培训、锻炼实习、创新实践和高技能人才培训基地等举措，加快对成渝地区双城经济圈发展急需的专业技术人才培养，推动实现人才共引，从而达到既立足当前，又着眼长远，既注重基础，又瞄准高端的目标；三是坚持区域联动，这便需要从体制、政策、方法上求进创新。区域内各级城市应协同推进人才体制改革，进一步探索建立高层次人才评价机制、资质互动互认机制等，疏通党政人才、企业经营管理人才、专业技术人才三支队伍流动渠道，以创新体制、政策、方法开辟人才联动新路径。其次，区域内各个主体应主动推进人才协同培育工程实施。区域各级政府可通过积极建立人才合作工作站和跨区域人才招引功能平台的方式，支持并引导其他城市因地制宜地实施高端引智计划、创新型培养等重大项目，在以成渝为核心的圈层内推出具有地方特色、发挥引领作用的人才协同培育工程。同时，建立健全人才工作站制度，区域内各个主体可与周边城市协同开展人才政策推荐、平台对接、项目洽谈等活动，切实改变区域内部盲目抢人的状况，从而加快集聚高层次人才。最后，要实现优化人才资源配置，必须加强推动成渝地区双城经济圈人才协同培育的平台建设，用好成都、重庆的核心城市地位，全面创新改革试验区、国家自主创新示范区等国家级平台，发挥重点实验室、工程技术研究中心、众创空间等产学研用协同创新平台作用，建立开放共享的人才信息化平台、人才市场平台和人力资源服务平台。在其他方面，成渝地区双城经济圈需大力协同推进人才服务保障，加快公共服务体系建设，打造区域性教育、科技、医疗、文化中心，整合人才公共服务资源，为高层次人才提供便利化全链条服务，逐步实现区域"一卡通"，切实打通各大区域关节，让人才安心工作、安心干事、安心创业，切实服务于成渝地区双城经济圈战略，推进人才资源共享格局的建立。

　　总体而言，成渝地区双城经济圈归属范围内的各级城市需要在发展过程中从整体出发，落实好"一盘棋"思维，将自身发展置于成渝地区双城经济圈人才协同培育的大局之中，实现错位发展、协调发展、有机融合，从而为成渝地区双城经济圈建设贡献整体合力。

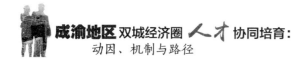
五、普惠化提升生活质量，精准化配置人才服务

　　成渝地区双城经济圈正处于携手前行的"快车道"建设阶段。成渝地区双城经济圈2021年12月简报显示，重庆、成都两地相关部门和单位分别签署了5个合作协议，围绕科技创新、汽车产业、文旅发展等开展全方位、深层次合作，提升"双核"发展能级，增强辐射功能，推动双城经济圈建设取得新的更大发展。在此过程中，人才作为成渝地区双城经济圈的核心资源、战略资源，决定了成渝地区双城经济圈于国际国内城市群之中的综合竞争力，并在经济发展、科技创新等领域扮演着至关重要的角色。针对上节系统梳理的人才服务无法充分发挥长效价值问题，成渝地区双城经济圈应通过规划牵动、服务策动等方式深入挖掘人才的真正需求，完善区域人才服务。

　　一是加强人才服务规划，保障政策措施落实。首先，压实各级主体责任。成渝地区双城经济圈内的省市各级各部门要坚决贯彻落实中共中央、国务院战略部署，在切实实施国家战略的基础上，发挥思想自觉、政治自觉、行动自觉等能动性作用，通过推动重庆四川党政联席会议和常务副省市长协调会议机制，统筹推进区域重点工作，贯彻落实成渝地区双城经济圈人才工作实施方案，并结合区域内各区县实际情况制定人才协同培育的具体举措。其次，提升人才服务政策精度。成渝地区双城经济圈应依据人才服务多样化、个性化特点，在压实各级主体责任的基础上，积极组织各省市及区县主动建立"组团一对一"上门服务的工作机制，认真履行服务人才的综合协调、计划制订、督促检查等职责，项目化、清单化推动人才协同培育任务落地落实，根据部门职责分工，加强力量配备，高效完成各项任务，并打好"政策组合拳"，巩固区域内人才政策宣传和人才服务效果。再次，强化政策项目支撑。成渝地区双城经济圈可加强与中央有关部门的人才政策汇报衔接，通过成渝地区双城经济圈国土空间、多层次轨道交通体系等规划或实施方案的编制与配合，研究制定出关乎区域内人才生活质量改善的政策规划或建设方案，进而加强人才与财政、金融、土地、产业、投资等领域政策的配套协同能力。最后，营造良好的社会爱才氛围。区域内各级政府如何加强人才宣传工作也是人才政策规划的重要组成部分。在与成渝地区双城经济圈战略同频共振的情况下，区域内各级地方政府应加强舆论引导，突出宣传人才对于推动成渝地区双城经济圈建设的重要意义和发展机遇，积极宣传区域人才服务措施上的进展和成效，并促成区域内多方城市共同举办成渝地区双城经济圈人才高质量发展论坛，广泛凝聚人才力量，形成全社会关心、支持人才积极参与成渝地区双城经济圈建设的良好氛围。

二是提升服务能级，优化人才发展环境。成渝地区双城经济圈既需要高效运用有限的人力、物力和财力资源来提升人才服务层级，也要根据经济社会转型和产业升级的实际需求优化区域人才政策，重点完善既符合人才发展趋势又包含人才迫切需求的生活、工作领域，包括当前成渝地区双城经济圈具有优势的服务领域、需要发展的薄弱环节等。首先，提升人才服务数字化水平。成渝地区双城经济圈在高效使用人力、物力资源的基础上，应重点健全专业化、高端化、个性化的人才服务，探索推出"人才服务一卡通"的重要构想，通过整合区域内医疗、教育、住房等资源，为成渝地区双城经济圈高层次人才搭建专属服务平台，尝试人才服务需求数据化、人才管理可视化等措施。其次，健全完善人才配套服务体系。成渝地区双城经济圈应就区域内人才生活方面，如就业、医疗、子女就学等个性化需求，统一配置人才服务体系，允许迁入人才自主选择成渝地区双城经济圈规划范围内所有地区的落户地、就业地、居住地，并将"廉租房""公租房""人才公寓"纳入居民户口登记范围，为人才提供广阔的发展空间，提升人才的融入感。① 再次，推广普及相关人才政策，打造"近悦远来"的成渝地区双城经济圈人才名片。区域内各级政府可以通过政策规划等具体措施塑造更具成渝特色的人才工作品牌，将成渝地区双城经济圈这一品牌融入人才政策始终，并逐步拓展到区域内小型城市，而不仅仅局限于成都、重庆核心城市。最后，提升公共服务便利化水平。成渝地区双城经济圈在健全统一人力资源市场体系的基础上，发挥政策指导效能，推动人力资源市场开放和服务机构及其从业人员资格互认，推动公共就业创业服务协同发展，加大重点群体就业创业帮扶力度。同时，加大对外来人才子女在入学、编班、资助等方面的保障与待遇，加快实现社会保险协同互认，推进养老、失业保险关系无障碍转移接续，实现社会保障卡共享应用和异地办理。

---

① 李若嫣、陈科：《成都高新区：把科技人才服务做成百亿级产业》，《科技日报》，2022 年 1 月 11 日第 7 版。

主要参考文献

[1] 习近平. 论坚持全面深化改革 [M]. 北京：中央文献出版社，2018：187-188.

[2] 习近平. 在庆祝中国共产党成立 95 周年大会上的讲话 [M]. 北京：人民出版社，2016：24.

[3] 沈传亮. 百年大党的 17 个关键词 [M]. 北京：人民出版社，2021：127.

[4] 习近平. 努力成为世界主要科学中心和创新高地 [J]. 求是，2021 (6)：4-11.

[5] 申明浩，杨永聪. 国际湾区实践对粤港澳大湾区建设的启示 [J]. 发展改革理论与实践，2017 (7)：9-13.

[6] 魏志奇. 发展成果人民共享的理论建构 [J]. 求实，2015 (1)：26-32.

[7] 王志宝，孙铁山，李国平. 区域协同创新研究进展与展望 [J]. 软科学，2013，27 (1)：1-4+9.

[8] 胡伯项，艾淑飞. 习近平以人民为中心的发展思想探析 [J]. 思想教育研究，2017 (1)：28-32.

[9] 郭玉玺. 浅析人力资源管理与区域经济发展 [J]. 商展经济，2021 (15)：109-111.

[10] 周利生. 深刻领悟以人民为中心的发展思想 [J]. 当代江西，2021 (6)：28-29.

[11] 林泽炎. 我国人才激励和保障的战略思考与制度设计 [J]. 中国人力资源开发，2013 (7)：6-9+16.

[12] 王东升，李娅娜. 人力资源开发与可持续发展 [J]. 北京师范大学学报（人文社会科学版），2000 (4)：116-121.

[13] 陈杰，刘佐菁，苏榕. 粤港澳大湾区人才协同发展机制研究——基于粤港澳人才合作示范区的经验推广 [J]. 科技管理研究，2019，39 (4)：114-120.

［14］陈井安，方茜. 区域协同创新视角下的人才政策：模式分析与路径选择［J］. 理论与改革，2015（2）：102－105.

［15］罗青兰，孙乃纪，于桂兰. 高层次人才成长规律与成长路径研究［J］. 现代经济探讨，2012（4）：84－87.

［16］徐朴. 成都市人才发展环境面临的主要问题与对策思考［J］. 中共成都市委党校学报，2014（4）：87－91.

［17］纪大海，杜萍. 顶层设计：高校人才培养新视角［J］. 中国高等教育，2010（7）：40－42.

［18］李越，何艳君，刘向莉. 海外高层次人才引进的市场化研究——基于重庆市 13 所高校的实证分析［J］. 西南师范大学学报（自然科学版），2018，43（7）：13－18.